갈릴레이 딜레마

Le scientifique et le guerrier

갈릴레이 딜레마

Le scientifique et le guerrier

장 자끄 살로몽 지음

박지현 옮김

이후

차례

"친애하는 사령관 여러분, 이번 전쟁이 발발하기 전, 영국에서 탐사선 한 척이 알려지지 않은 새로운 나라들을 찾아 미지의 해양으로 떠났습니다. 그 유명한 항해자이자 탐험가인 쿡 함장이 이 탐사선을 이끌고 있습니다. 이는 정말 우리 인류의 지리학 지식을 발전시킬, 그 자체로 찬양받을 위대한 모험입니다. (…) 이제 곧 탐사를 마치고 유럽의 품으로 돌아오고 있는 이 배가 회항하는 길에 귀 사령관들의 수중에 들어갈지도 모릅니다. 부디 사령관들께서는 이 탐사선을 적으로 여기지 마시고, 또한 싣고 있는 성과물들에 대한 약탈도 막아 주시기 바랍니다. (…) 앞서 말씀드린 쿡 함장과 부하들을 경의를 표하며 환대해 주시기 바랍니다. 또한 우리 모두 같은 인류이자 친구로서, 이들에게 귀 사령관들의 힘이 닿는 한 모든 도움을 주시기 바랍니다."

1779년 3월 10일
프랑스 왕실 전권공사全權公使 벤자민 프랭클린
(영국과 교전 중이던 신생 아메리카 의회 위임으로
전미 군함 함장과 사령관들에게 보내는 편지)

일러두기

1. 인명·지명·작품명은 될 수 있는 한 '외래어 표기법'(1986년 1월 문교부 고시)과 이에
   근거한 『편수자료』(1987년 국어연구소 편)를 참조해 표기했으나, 주로 원어에 근접하게
   표기하는 것을 원칙으로 삼았다. 단, 국내에 전혀 알려져 있지 않거나 잘못 알려진
   경우가 아니라면 이미 널리 알려진 표기법은 그대로 사용했다.
2. 본문 주석은 대부분 저자가 붙인 것이며, 옮긴이가 덧붙인 경우에는 '옮긴이'라고 명기
   했다.
3. 단행본·전집·정기간행물 등에는 겹낫쇠(『 』)를, 논문·논설·단편 등에는 홑낫쇠(「 」)를,
   영화·연극·방송 등에는 단격쇠(< >)를 사용했으며, 단체 이름에는 작은따옴표(' ')를
   썼다.
4. 본문에 고딕으로 강조한 부분은 모두 저자가 표시한 것이다.
5. 참고 문헌에는 독자의 이해를 돕기 위해서 영어본까지 첨가해 넣었다.

전쟁과 과학자의 윤리 사이에서

과학자는 연구소 안에서나 밖에서 연구자로 활동하는 동안, 전쟁의 공범이 되기도 하고, 때로는 평화의 사자가 되기도 한다. 심지어 동시에 그 둘이 될 수도 있다. 신무기 체계의 발명자이거나 인류를 위협하는 최악의 무기인 각종 폭탄·미사일·독극물·가스 및 핵 방사선과 정보의 조종자이면서 동시에 국가 간 전쟁을 막고 갈등을 해소하고자 애쓰는 평화 운동가이면서 조정자·중재인이 될 수도 있는 것이다. 때로는 병사의 옷을 입고 있다가 평화 특사로 옷을 갈아입고, 때로는 전쟁 도발자와 희생자 옆을 동시에 지키기도 하는 과학자는 신념과 책임 윤리 사이의 선택에 따라 서로 모순되는 충성 의무가 뒤따르는 '학문 윤리'의 두 가지 비전, 두 가지 역할, 두 가지 약속을 체현體現한다. 이는 막스 베버Max Weber도 그 유명한 강연집『직업으로서의 학문과 정치Wissenschaft als Beruf und Politick als Beruf』[1]에서 미처 생각도 하지

---

1) 1919년 막스 베버가 뮌헨 대학에서 학자와 정치가의 직업과 사명에 대해 강의했던 강연집. 막스 베버는 각 직업의 윤리와 목적을 밝히면서 '도덕적 중립성'

못한 점이다.

실제로 프린스턴 첨단 과학 연구소의 세계 최고 물리학자 가운데 한 사람인 프리먼 다이슨[2]처럼 될 수 있다. 펜타곤의 고문이며 새로운 핵무기 개발자이고, 동시에 나소 장로교회 신자로 매주 일요일 핵무기 철폐를 위한 기도 모임에 참석하는 다이슨의 말을 들어 보자.

"주일이면 교회에 나가 과도한 핵 방사선 노출로 고통받는 어린이 백혈병 환자 전문의의 증언을 들으며 아픔을 느낀다. 그리고 또 한 주가 시작되면 워싱턴에서 운텔 장군을 만나 새로운 핵무기를 완벽하게 만들 방법에 대해 논의한다."

인류학자이자 정신분석학자인 그레고리 베이트슨의 유명한 '**이중 구속**Double Bind'은 외부의 강요에 의해서나 혹은 자기 스스로, 서로 절대 모순 관계에 있는 두 의무 앞에 직면한 상황으로, 실제 이를 견뎌 내기란 거의 불가능해 사람을 미치게 할 수도 있다. 그러나 '과학자군인'이라면 경우에 따라 견뎌야 할 양심의 가책이 어느 정도이든, 두 의무 사이에 타협이 가능해 보인다. 프리먼 다이슨은 '군인의 세계와 희생자의 세계', 두 세계에

을 제시했다. 옮긴이

2) 프리먼 다이슨(Freeman Dyson, 1923~)은 영국 출신의 미국 이론 물리학자이자 미래학자다. 양자전자동력학을 완성했고 현재 프린스턴 대 고등학문 연구소의 명예교수로 있다. 주요 저서로는 『상상의 세계Imagined Worlds』, 『무기와 희망 Weapons and Hope』이 있다. 옮긴이

각각 동등하게 소속감을 느끼며 양쪽의 논리를 큰 무리 없이 소화시킬 수 있었다.

"군인의 세계는 워싱턴이나 캘리포니아에서 기술 자문을 구하는 군 관계자를 만날 때의 세계다."

이 세계는 강경파와 온건파, 군 장성과 과학자가 포함된 남성 지배의 세계다. 이들은 단호하고 차갑게 감정과 수사를 배제한 언어로 소통하며, 건조한 유머에 호응하고 감상적인 태도를 혐오한다.

"군인의 시각은 스스로들 아무리 자유주의적이고 혁명적이라 생각해도 근본적으로 보수적이다. 그들은 불완전한 세상을 주어진 현실로 받아들인다. 그들이 할 일은 이러한 불완전함을 그대로 둔 채 고쳐 나가는 것일 뿐, 근본부터 이를 바꾸는 것은 아니다."[3]

대표적으로 폰 노이만[4], 헤르만 칸[5], 에드워드 텔러[6] 같은 인물들, 전쟁과 전쟁의 목적·비용·희생자들까지 모두 양적 수

---

3) F. Dyson, *Weapons and Hope*, New York, (Harper and Row, 1984, pp. 4~6)

4) 폰 노이만(Neumann, Johann Ludwig von, 1903~1957)은 헝가리 출신의 미국 수학자이자 과학자로 컴퓨터 내장형 프로그램을 처음 고안했다. 옮긴이

5) 헤르만 칸(Herman Kahn, 1922~1983)은 물리학자 출신의 미국의 전략이론가이자 미래학자다. 헤르만은 게임 이론과 시스템 이론을 기반으로 냉전 동안 미국 핵무기 전략 개발을 선도했다. 옮긴이

6) 에드워드 텔러(Edward Teller, 1908~)는 헝가리 출신의 미국 핵물리학자다. 맨해튼 프로젝트에 참여했다. 옮긴이

치로만 환원하는 사람들의 세계로, 애국심만큼이나 기술에 대한 열망이 강렬한 세계다.

덧붙여 다이슨은 그 반대편 세계에 대해 말한다.

"희생자의 세계는 독일 전쟁 때 유년기를 보낸 아내의 추억 어린 동화 얘기를 들을 때, 아이들과 함께 다쇼 유태인 수용소 박물관을 갈 때, 브레히트의 연극 『억척 어멈』을 볼 때, 존 허시의 『히로시마』[7]나 이부세 마스지의 『검은 비』를 읽을 때, (…) 또 교회에서 수많은 낯선 이들과 함께 앉아 평화를 갈구하는 기도를 들을 때나 세상의 종말에 대한 생각에 잠길 때 만나는 세계다."

그곳은 여자와 어린이들이 주도하는 세계로, 나이 든 이들보다는 젊은이들이 더 붐비고, 수학자보다 시인이 더 환영받는 세계다. 평화주의자들과 생태주의자, 또 자연과 생명에 대한 경외심만큼 과학에 대한 열정도 큰 과학자들의 세계인 것이다.

다이슨은 제복을 입고 있어도 군인 역시 인간이고, 과학자도 인간이라는 점을 상기시킨다. 군인과 희생자 사이의 의사소통이 쉽지 않고 서로를 이해하는 데 어려움이 있어도, 전자를 악마시하거나 후자를 무시해서는 안 된다는 의미다. 희생자가 모두 세상 물정에 무지하거나 순진한 바보는 아니며, 마찬가지로 군

---

7) 존 허시(John Hersey, 1914~)는 미국의 기자이자 소설가다. 히로시마 원폭 후 피해자를 직접 취재해 작성한 다큐멘터리 소설 『히로시마』(1946)를 발표했다. 옮긴이

인이라고 해서 모두 다 야만스럽지는 않다. 그러나 흔히 군인이 빠져 있는 오만만큼 희생자는 그들을 경멸하고 서로 상대편의 논리를 거부한 채 각자의 선입견만을 고수한다. 이렇게 귀머거리들의 대화처럼 양측의 대화가 어려운 것은 서로에 대한 편견만큼 각자 내세우는 가치관이 다른 이유가 더 크다. 다이슨의 말처럼 양측이 주장하는 내용이나 방식이 다르고, 서로 상이한 규칙에 따라 각자의 주장만 하고 있는 것이다.

"군인의 세계에서는 전쟁의 결과를 교환율과 비용·효율과의 언어로 묘사하지만, 희생자의 세계에서는 희극과 비극의 언어로 표현한다."

그러나 만약 한 사람 안에서 희극과 비극의 언어가 교환율과 비용·효율의 언어와 함께 공존한다면, 군인이지만 희생자의 입장에 완전히 동화될 수 있다면 어떨까? 다이슨은 책의 마지막 장에서 '비극은 남의 일'이라는 조롱 가득한 제목을 달고, 인간이 평화 협상을 늦추거나 막기 위해 늘 고안해 내는 각종 장애물을 고발한다. 그는 핵무기가 철폐되려면 미국의 노예제 폐지론자들이 노예 폐지를 위해 기다려야 했던 시간만큼 걸릴 지도 모른다고 말한다. 핵무기 철폐를 가로막는 걸림돌은 무엇보다도 제도적이고 심리적이며, "정부 및 군사 조직이 핵무기를 완전 폐기하도록 압박하기 위해서는 전적으로 국제사회의 도덕적인 분개심의 각성"[8]에 달려 있다는 것이다. 희생자의 입장에서, 다이슨은 인류가 군인의 옷을 벗어 던질 수 있다는 희망을

버리지 않고 있다. 독자가 만약 기독교 신자라면 그를 통해 예언
자들이 말한 희망의 증거를 떠올릴 것이다. 사자들이 어린 양
옆에 누워 뛰놀고 창칼은 농기구로 바뀔 것이라는.

미녀와 야수

앞서 말한 과학자와 군인의 양면성(모순, 양단, 심지어 정신분열증)은
내게 꼭 보몽 부인의 동화『미녀와 야수』를 생각나게 한다. 과학
자 집단을 '미녀'로, 정치 집단을 '야수'로 비유하는 것이 다소
무례하거나 너무 순진한 발상이긴 해도, 양면성의 핵심을 분석
하는 데 이보다 더 좋은 접근법이 없는 것 같다. 과학과 정치의
관계, 군산복합체를 매개로 양측이 맺고 있는 관계, 무기 체계의
발명과 개발을 위해 일부 과학자들이 행하는 역할, 또 동시에
그들 스스로 부여하는 평화 운동가의 역할이, 살짝 각색된 미녀
와 야수와 닮았기 때문이다. 새로운 버전의 미녀와 야수 이야기
는 권선징악의 교훈보다는 유머나 현실주의에 초점을 두는 이
야기가 된다.
　보몽 여사의 동화 미녀와 야수의 의미는 무엇인가? 진정한
사랑은 맹목적이지 않을 뿐 아니라, 외모를 넘어서 순수한 마음

---

8) F. Dyson, *op. cit.,* p. 313

을 알아볼 수 있다는 것이다. 그러나 전쟁과 민족국가에 관한 것일 때 사랑이나 순수함은 잊어버리자. 드골의 말처럼 국가에 친구란 없다. 새로운 미녀와 야수 버전에서는 미녀와 야수 모두 나름의 방식대로 진심으로 따뜻한 가슴과 인류애를 갖는 순간도 있지만, 어느 쪽이든 냉혈 괴물의 얼굴을 숨기고 있다. 과학은 야수를 매혹하는 모든 것을 가진 미녀의 모습이고, 야수는 미녀에게 아낌없이 후한 인심을 베풀면서 미녀의 매력을 이용하고자 한다.

둘 중 어느 쪽이 지배하는가, 혹은 어느 쪽이 더 능숙하게 조종하는가는 단정할 수 없다. 경우에 따라, 즉 때와 장소에 따라 달라진다. 왜일까? 보몽 여사의 원작과 달리, 이 버전에서 야수는 결코 잘생기고 선한 왕자로 돌아갈 수 없기 때문이다. 현실에서 야수는 역사의 시작부터 종말까지 야수이면서 동시에 왕자로 존재한다. 전쟁을 도모하면서 동시에 전쟁을 피하기 위해, 또 다시 더 철저하게 전쟁을 준비하고자 과학자의 천재성에 의존하는 군산복합체의 분리될 수 없는 두 얼굴로 존재한다. 이야기의 교훈은 미녀는 자신의 매력을 과시하고, 야수는 그 매력을 착취하는 치명적인 악순환이 시간의 종점까지는 아니어도 인류의 종말까지 지속될 수도 있다는 사실을 밝힌 데 있다.

왜냐하면 평화를 위해 싸우는 과학자들의 저항·거부·반대 운동에서는 예외지만, 미녀는 늘 무기 경쟁에서 이득을 얻기 때문이다. 왕자는 권력 행위의 대상인 백성들의 무기력, 소멸, 또는 혁명의 경우를 제외하곤 야수 역을 너무나 즐기고 있어 국제사회에서 전쟁의 쾌락을 포기하려 하지 않는다. 이야기의 결말로 미녀와 야수가 아이도 많이 낳고 행복하게 살았다고 선뜻 말하기가 꺼려진다. 그저 우리는 제1·2차 세계대전이(수세기 전으로 거슬러 올라가는 수많은 전쟁도) 양산한 고통을 겪은 후 서유럽연합이 보여준 협력 모델을 통해, 정열적으로 맺어진 미녀와 야수 커플의 관계가 다시 재앙을 낳지는 않으리라는 희망을 가질 수 있을 뿐이다. 여하튼 현실보다는 보몽 여사의 원작이 더 좋기는 하다. 추한 야수는 한번에 사라지고 왕자의 얼굴로 돌아오니까.

뉴욕에서 파리로

1998년 1월, 뉴욕 과학 아카데미에서는 '국가 간 과학 협력과 갈등—국제 분쟁 해소를 위한 과학자의 역할'이라는 주제로 학회가 열렸다. 이 학회는, 뉴욕 카네기 재단과 미 전 대통령 지미 카터가 이끄는 카네기 위원회가 2년 동안 지원한 '국가 간 심각한 분쟁 예방' 프로그램의 최종 결정체였다. 회의 목적은 국제 분쟁의 완화 혹은 해소를 위해 활동하는 과학자들의 참여 사례 연구를 분석하고, 이를 통해 과학자들의 기여가 얼마나 효과적인지, 즉 실제로 분쟁 해결에 어느 정도까지 영향력을 미쳤는가를 살펴보는 데 있었다.

발표와 논의 대상이었던 사례 연구들은 주로 미국과 공산권 국가들(옛 소련과 중국)의 관계, 다른 하나는 이스라엘과 아랍 세계 (이집트와 팔레스타인) 간 관계를 다루고 있었다. 이 연구들은 협상에 직접 참여했던 주체들의 인터뷰와 개인적 경험을 토대로 했다 는 점에서 그 의의와 독창성을 찾을 수 있다. 각각의 연구에서 과학과 정치 사이의 상호 작용이 갖는 다양한 측면들을 묘사하 고 분석했다. 실례로 '포괄적 핵실험 금지 조약(CTBT)' 협상 과정 에서 지진학자들이 수행한 역할이나, 국제응용시스템분석연구 소(IIASA)[9] 창설 당시 시스템 분석 전문 과학자들이 행한 역할을 들 수 있다. 이 보고서들은 이 같은 비공식 협상의 이면에 대한 자료가 실제 거의 존재하지 않는다는 점에서 더욱 흥미롭다. 왜냐하면 대부분 협상은 비공식적인 틀에서 각 정부의 직접 대표자가 아닌 참석자들에 의해 시작되었고, 따라서 공식적인 보고서도 없기 때문이다. 이 학회의 자료집은 결론적으로 다음 의 두 가지 주요한 질문에 대한 답을 도출한다.

첫째, 국가 간 분쟁에서 과학자가 **본연의 위치에서** 중재자로 개입할 수 있는 특별한 장점을 갖고 있는가?

둘째, 두 국가 간, 혹은 여러 국가가 함께 추진하는 연구 협력

---

9) The International Institute for Applied Systems Analysis. 1960년대 말부터 미·소 양 진영 간 과학 연구 교류와 협력을 위해 창설된 기구다. 국제사회, 환경, 경제, 기술 등에 대한 다자간 과학 연구를 수행하는 국제기구로 빈 근처의 락센버그 에 있다. 옮긴이

이 평화를 준비하고 유지하는 데 **특별하게** 기여하고 있는가?[10]

과학자들이 중요한 역할을 수행한 두 분야, 즉 핵무기 감축과 생화학 무기 금지에 관한 조약 체결은 퍼그워시 회의[11]를 통해 과학자들의 유용성을 가장 잘 보여 준 분야였다.[12] 퍼그워시 회의는 협상의 물꼬를 트는 계기이자 중심으로써, 냉전 기간 동안 우선 일대일의 개인 접촉을 용이하게 만들었고, 이어 핵무기 체계의 속성과 문제점을 특별히 인식한 과학자들에게 분석과 숙고의 장을 마련해 주었다. 이들은 어느 정도 정책 결정 기관과 가까운 관계였지만, 침묵과 선동(데마고기), 심지어 유엔과 같은 공식 기구들의 중상에 굴복치 않고, 개인 입장에서 이론적

---

10) A.C. de Cerreño & A. Keynan, "Scientific Cooperation, State Conflict: The Roles of Scientists in Mitigating International Discord", *Annals of the New York Academy of Sciences*, (vol. 866, 1998, 12, 30)

11) Pugwash conference. 1957년 7월 22명의 저명한 핵물리학자들이 캐나다의 작은 어촌 퍼그워시에 모여 핵무기 철폐를 논의한 회의를 말한다. 지구촌 반핵 평화 운동의 중심이 되었다. 옮긴이

12) 버트런드 러셀은 1954년 아인슈타인 사망 이틀 전, 아인슈타인의 서명과 함께 핵무기 군비 확대의 위험성에 반대하는 성명서를 발표했다. 성명 발표에 이어 1957년 사업가 사이러스 이튼Cyrus Eaton의 도움으로 그의 고향 노바스코샤 퍼그워시에 동서 양 진영 과학자들이 모였다. 여기에서 '퍼그워시 회의'라는 이름이 유래되었고, 그 후 퍼그워시를 벗어나 하나의 융통성 있는 조직으로 발전, 매해 세계 여러 곳에서 회의가 개최되었다. 냉전의 절정기에는 첫 핵무기 감축 조약 체결을 논의하기 위해 동서 진영 과학자 회의가 열렸다. 1995년 퍼그워시 회의와 회의 사무총장 요세프 로트블라트가 공동으로 노벨 평화상을 수상했다.

으로 개입했다. (냉전이 극에 달했던 때는 가히 호메로스의 트로이 전쟁에 비견될 정도의 대치 상황이었다.) 양 강대국이 무기 경쟁에 열을 올리고 있는 상황에서, 이 같은 접촉과 회의가 양 강대국을 가깝게 하는 데 미친 영향에 대해서는 반론의 여지가 없다. 이런 관점에서 1995년 퍼그워시 운동과 당시 퍼그워시 회의 사무총장이던 요세프 로트블라트 박사[13]에게 공동으로 돌아간 노벨 평화상만큼 정당하게 수여된 노벨상도 드물다.

뉴욕 학회는 정치 기구 소속 모임에서 과학자들이 국제 협력과 관계 개선을 위해 수행한 역할에 대한 일종의 평가와 정리였다. 자연히 그 평가도 미래 지향적이기보다는 회고적이었다. 그렇지만 알렉스 키난[14]이 연구집의 서문과 결론에서 끌어낸 교훈은 매우 복잡다단한 각 국가의 상황과 분쟁에서 실제 사안의 향방에 영향을 끼친 과학자의 다양한 역할과 행위를 조명하는 데 도움을 준다. 어쨌든 키난의 책은 그 주제의 일관성을 잃지 않고, 특히 '미래에 과학자에게 당면한 역할'을 조명하기 위한 연구가 앞으로 더 많이 필요함을 언급하면서 끝맺고 있다.

그런데 회의에 참석한 동안 나는 회의 주제가 주로 미국과

---

13) 요세프 로트블라트(Joseph Rotblat, 1908~2005)는 폴란드 태생의 영국 핵물리학자이자 생물학자다. 맨해튼 프로젝트에 참여했지만 이후 반핵 운동에 헌신해, 노벨 과학상 외에 노벨 평화상을 수상했다. 옮긴이

14) 알렉스 키난(Alex Keynan, 1921~) 헤브루 대학의 미생물학 교수다. 이스라엘의 '과학과 휴머니티 아카데미'의 대통령 자문이기도 하다. 옮긴이

이스라엘의 경험에만 집중되어 있다는 사실에 적잖이 충격받았다. 미국이 전략적 무기 협상 과정에서 얻은 경험, 또 이스라엘이 사다트·베긴 평화조약 체결을 위해 이집트와 협력 노력을 기울인 경험이 중심 주제였던 것이다. 반면에 유럽만의 과학협력 경험과 냉전 기간 유럽 사회과학자들이 행한 역할에 대해서는 제대로 평가가 이뤄지지 않고 있거나, 잘 모르고 있는 것 같다는 생각이 들었다. 미국이나 이스라엘이 과거의 적과 새로운 적, 잠재적 적국이나 실재하는 적과 과학 협력 활동을 개시하는 것은 본질적으로 국익 때문이다. 설령 과학 협력 활동이 대립적인 이견을 좁히고, 국가 간 교역 및 관계 정상화를 위한 '가교 설립'을 지향해도, 이 가교는 그들의 국방과 국가 안보 정책의 일환일 뿐이다. 결국 어떤 경우에도 국경을 제거하는 것이 아니라 오히려 강화하고자 하는 것이다. 또 과학을 담당했던 나토의 전 부사무총장 윌리엄 니렌버그[15]가 미국에 대해 다음과 같이 말한 내용도 유럽에서는 해당되지 않는다.

"정치 지도자들은 국가 간 긍정적인 관계를 증진시킬 수 있는 수단으로써 과학의 중요성을 잘 알고 있다. 그러나 대부분의 과학자들에게 이는 상대적으로 부차적인 목적일 뿐이다."

---

15) 윌리엄 니렌버그(William A. Nierenberg, 1919~2000)는 저에너지 핵물리 업적으로 유명한 과학자다. 해저 및 전쟁 분야의 전문가. 옮긴이

민족국가의 한계를 넘어

분명 윌리엄의 말은 유럽의 경우에는 해당되지 않는다. 물론 국제 관계에서 유럽의 과학자들도 미국의 과학자들과 비슷한 방식의 역할을 행하고 있음을 볼 수는 있다. 연구인, 기술 고문관, 외교관, 전략가, 경우에 따라서는 기업가, 무기 거래상, 산업 스파이 등. 그러나 앙드레 르보[16]의 예처럼, 유럽 과학자들의 비전과 행위에는 결코 그 의미를 축소할 수 없는, 앞서 예시된 역할들보다 **한층 고양된 차원**이 존재한다. 그것은 이해관계가 다른 과거의 적대 국가 사이에 놓인 과학의 가교가 국수주의적 국익을 초월해 하나의 목표와 대망을 지향하고 있다는 점이다.

그렇다고 해서 국가 이기주의가 사라졌다거나, 협력 조직의 일부 회원국들이 현 유럽 통합에 대한 열망에 반하는 일을 멈췄다거나, 또 경제 위기가 닥치자마자 예산 분담금을 내지 않겠다고 으름장을 놓는 일 등이 없어졌다는 건 아니다. 사실 이런 이유들로, 또 정부 기관들도 피할 수 없는 갖은 난관 때문에 실행 중인 공동 프로그램이 타격을 입기도 한다. 그러나 많은 경우에서 정치나 외교 개입보다 **더 먼저** 과학자들이 유럽 통합을 이루려는 뜻을 품고 바로 앞장섰다는 것은 **명백한** 사실이다. 예를 들면 제네바의 유럽 **핵물리 연구소**(CERN)와 유럽 우주

---

16) 앙드레 르보(André Lebeau, 1932~)는 프랑스의 물리학자로 국제기상기구 부총장을 역임했고 우주물리학을 연구했다. 옮긴이

연구기구(ESRO), 유럽 로켓개발기구(ELDO)와 같은 유럽 최초의 우주과학 연구 기구 창설자인 피에르 오제[17)와 에도아르도 아말디Edoardo Amaldi는 유럽연합 운동의 창시자 중 한 사람인 드니 드 루즈몽과 가까운 사이였고, 이 같은 과학 협력 사업을 증진하면서 늘 정치 통합의 건축자로서 일하고 있다고 여겼다.[18] 또 유럽 핵물리 연구소의 개척자 중 한 사람이자 콜레쥬 드 프랑스에서 졸리오 퀴리 부부 밑에서 공부한 류 코바르스키[19)는 이렇게 강조했다. "정부 관료들은 공동의 노력으로 유럽 통합의 구체적인 성과를 이룰 수 있는, 공통의 이해관계 분야를 찾기 시작했다." 그리고 이 분야들 가운데 가장 명확하고 시의 적절한 모델을 제시한 것이 과학자들이다.[20)

이처럼 유럽의 특수성·기원·범위·한계에 대한 연구는 나와

---

17) 피에르 오제(Pierre Auger, 1899~1993)는 우주 광선의 고에너지 입자를 발견한 프랑스의 물리학자다. 옮긴이

18) CERN의 역사에 관해서는 H. Armin, J. Krige, U. Mersits, D. Pestre, *History of CERN*, North-Holland, Amsterdam 1권(1987), 2권(1990)을 참조. 우주 과학 프로그램에 관해서는 E. Amaldi, "Why we need a European Organization for Space Research", *Europe Two Decades in Space(1959), Recollections by Some of the Principal Pioneers*, (1964~1984, Esa SP-1060, 1984), J. Krige, The Prehistory of ESRO 1959~1960, (Esa HSR-1, 1992 7월), *Europe in Space, 1960~1973*, (Esa SP-1172, 1994, 9)을 참조.

19) 류 코바르스키(Lew Kowarski, 1907~1979)는 물리학자이자 화학자로 국제원자력기구 프랑스 대표를 역임했다. 옮긴이

20) L. Kowarski, *An Account of the Origins and Beginnings of CERN*, Document 61~20, (Genève-Meyrin, 1961, 7)

대화를 나눈 미국인들의 관심을 불러일으켰고, 그렇게 해서 조지 마셜 연구소와 '국제미래학회Association Futuribles International'[21]의 후원하에, 2000년 2월 24일부터 26일간 파리 학회를 주선하게 되었다.[22] 파리 학회를 준비하면서 우리는 뉴욕 회의와는 다른 방식으로 접근했다. 즉 냉전 종식 후 발발 가능성 있는 분쟁과 그에 따른 전략 수단과 입장이 확연히 변화했고, 그 영향으로 과학 협력이 어떻게 발전해 나갈지에 대한 맥락도 달라진다. 시대는 전 인류를 멸할 수 있는 총력전의 위협으로부터 국지전 (쿠웨이트, 코소보) 및 핵무기만큼 '첨단화'된 무기 체계를 사용하는 테러의 위협으로 바뀌었다. 그런데 이 무기들은 핵폭탄, 핵미사일, 핵무기에 국한된 유도 시스템의 경우보다 확실히 더 쉽게 생산되고 확산된다.

게다가 현재 유럽이나 그 주변에서 발생하는 지역 분쟁과

21) 공식 명칭은 Association Futuribles International로 1960년 주브넬Bertrand de Jouvenel에 의해 창립된 파리 소재의 국제 학술 교류 단체. 주로 미래의 신기술, 사회정책, 생활 방식의 변화, 정보화 사회의 미래를 주제로 삼고 있다. 옮긴이
22) 제스 오스벨Jesse Ausubel, 위그 드 주브넬Hugues de Jouvenel, 알렉스 키난 덕분에 회의의 구체적 틀을 잡을 수 있었다. 이 지면을 통해 이 분들께 진심으로 감사의 말을 전하고 싶다. 또 여러 기관들에도 감사를 전하고 싶다. 이들의 지원이 없었다면 학회를 빛내 준 40여 명의 학자들을 초빙할 수 없었을 것이다. 조지 마셜 연구소, 리차드 라운스베리 재단, 나토의 과학·환경국, 프랑스 외무부, 라 페르테 재단과 인간 개발을 위한 샤를르 레오폴 메이어 재단들의 도움이 컸다. 또한 회의 준비와 조직을 위해 애써 주어 회의가 성공리에 마칠 수 있게 해 준 안 존스톤 부인과 아니 팔망티에게도 감사의 뜻을 전한다.

긴장 상태는 과연 과학자가 개입할 성질의 것인가에 대한 자문이 필요하다. 다시 말해 지난 세기 말 증가한 새로운 형태의 폭력, 즉 국가·종교·부족 간의 분쟁, 또 테러에 대해 과학자들이 주창하는 방법과 가치가 어느 정도 유효한지 또는 아닌지에 대한 의문을 갖게 된 것이다. 이렇듯 파리 회의의 의제는 매우 자연스럽게 **특별히** 유럽의 어제와 오늘, 그리고 내일의 경험에 중점을 두게 되었다.[23]

의제는 네 가지 논점으로 구성되었다. 첫째는 2차 대전 직후를 다루면서, 처음엔 영국, 뒤이어 프랑스가 독일 과학 체제와 과학자 집단을 재건하기 위해 기울인 노력에 초점을 두었다. 두 번째 의제는 유럽의 정치 통합 노력에 관한 것이었는데, 유럽의 지역 조직들과 과학 협력 활동들이 정치 통합의 기폭제이자 도구, 모델이 된 점이다. 세 번째 요점은 냉전의 특수성에 대해 고찰했다. 우리는 사회과학이 일종의 무기로써 이념 대립에 개입해, 마침내 서방 진영에서 활용하던 방법론의 효율성을 명분 삼아 양 진영을 조금씩 가깝게 한 것을 목도했다. 마지막으로 과학 협력의 정치적 역할로부터 교훈을 끌어내고, 지역 갈등의 현재 경험과 미래에 대해 논의했다. 특히 구 유고연방 국가들,

---

23) 대부분의 학회 자료는 『*Technology in Society*』지 특별호에 'Scientists, War, and Diplomacy: A European Perspective'라는 제목으로 영어로 게재되었다. (Elsevier Science Inc., Oxford-New York, 23 (3), 2001, 8) 불어 자료는 www.futuribles.com 인터넷 사이트를 참조하면 된다. (아넥스를 참조할 것)

그리스와 터키 사이의 갈등 관계, 그리고 마지막으로 북아프리카, 특히 알제리에서 발생한 최근의 비극적 사태를 다루었다.

내가 이 책을 쓴 의도는 학회 자료들을 단순히 요약하는 게 아니라, 토론과 논의 중 다뤄진 세 가지 측면을 다시 상기하고 다루면서, 개인적으로 좀 더 일반적인 결론을 끌어내는 데 있다. 그 세 가지 측면은 유럽 경험의 독자성, 과학자들의 특수성, 포스트 냉전 시대의 과제다. 그리고 이 세 가지 측면은 결국 과학 체제가 **실제** 무엇인지, 또 무엇을 실현하는가와 함께 과학 체제가 어떻게 인식되고 **관념화**되는가에 대한 관점에서(국제미래학회가 끝없이 천착하는 과학의 복잡다단한 양면성) 전쟁과 평화, 경쟁과 협력, 민족국가의 유산과 유럽의 통합을 다루는 것으로 귀결된다.

　내게 파리 학회는 그간 이 분야에서 쌓아 온 개인적 경험을 돌아볼 수 있는 계기였다. 최초의 원자 폭탄의 역사에 대해 이해할 필요성을 느껴 소르본 대학에서 처음으로 「근대화된 세계에서의 과학자들의 상황」이란 주제로 논문을 제출했다. 그리고 이 논문은 후에 책 『과학과 정치 *Science et politique*』로 출간된 바 있다. 또 경제협력개발기구(OECD)에서 여러 직책을 맡으며, 과학 정책을 입안·시행하는 여러 기구에서 일하는 수많은 유럽과 미국의 과학자들 및 책임자들과 교류할 수 있었다. 마지막으로 프랑스 국립 직업 기술원 Conservatoire National des Arts et Métiers에서 가르치기도 했다. 지난 삼십여 년간 이 분야도 많이 변화했는데, 특히 대표적인 사건은 당연히 냉전 종식이다. 그때만 해도 냉전 종식으로 인해 군수산업 협력체 간의 치열한 기술 경쟁이 완화되거나 멈출 것이라 생각했고, '평화의 배당금'이 당연히 최빈국 개발과 부유한 국가의 사회 복지 증대와 같은 선결 과제로 돌아가기를 바랐다.

그러나 희망은 너무도 빠르게 실망으로 바뀌었다. 국방 연구에 대대적인 투자를 하고 있는 미국의 작태로 대변되는 경제 전쟁과 '군사 혁명'으로 다른 국가들과 대륙들까지 새로운 무력 충돌을 핑계로 군비 확대에 뛰어들 위험이 있다. 그리고 덕분에 아마 일자리가 넘쳐 날 과학자군인들은 별 불만이 없을 것이다. 아니, 오히려 삼십여 년 전 내가 '기술 도취 콤플렉스'라고 일컫은 것처럼 이 같은 상황을 흡족해 할 수도 있다. 이렇듯 역사는 많은 변화를 겪는데도 과학자군인의 모습은 조금도 변하지 않았다. 레이몽 아롱[24]의 유명한 말처럼, 평화는 요원하고 전쟁은

---

24) 레이몽 아롱(Raymond Aron, 1905~1983)은 프랑스의 사회학자이자 정치학자다. 맑스주의적 경제사관을 비판하여 20세기 프랑스에서 좌파 사상의 상징인 사르트르와 비견되어 우익을 대표하는 지식인으로 꼽힌다. 소르본과 콜레쥬드 프랑스의 교수, 삼십 년간 『피가로』지의 논설위원 등, 저술가·교수·언론인으로서 평생 온건하고 상대주의적인 논조를 유지했다. 그 때문에 좌익 성향이 강한 프랑스 지식인 사회에서 반동으로 비난받기도 했다. 다원론적 비판철학을 제시한 『역사철학 입문』, 공산주의의 메시아니즘을 고발한 『지식인의 아편』이 있다. 옮긴이

불가능한 것으로(적어도 선진 강대국들 사이에서는) 규정하는 데 결정적
역할을 담당하고 있는 것이다. 이보다 한술 더 떠 오늘날 정치적
으로 매우 다른 상황인데도, 평화는 실현 불가능한 문화의 가장
현대적인 상징이 되거나, 심지어 전쟁 문화의 가장 원시적인
기능, 즉 전쟁을 유희처럼 여기는 태도의 표상으로 전락하지
않을까 두렵다.

1장 국경을 넘어서

"아무 원인이 없다면 아무 일도 일어나지 않을 것이다. 이 무수한 원인들의 결합이 전쟁의 화포에 불을 붙였다. 원인이 아닌 것이 없으며, 전쟁이란 사건은 단지 그렇게 될 수밖에 없었기 때문에 일어나는 것이다."

– 톨스토이

1장 국경을 넘어서

뉴욕 학회를 다룬 책에서 알렉스 키난은 과학자들이 할 수 있는 것과 없는 것을 알기 위해서는, 각 분쟁의 성격이 결정적인 요소임을 강조한다. 과학자들끼리 **군비 통제**arms control에 대해 논의하는 것과 그리스·터키 분쟁처럼 국가 간의 입장 차이를 좁히려 시도하는 것은 분명 별개의 문제다.

알렉스는 과학자들이 과학자 본연의 위치에서 이런 사안에 개입하여 분쟁을 완화, 혹은 해소하는 데까지 영향을 끼칠 수 있는 경우를 다섯 가지로 나눠 고찰하고 있다.

"우선 과학자들은 그들만의 네트워크를 이용해, 의사소통이 어렵거나 제한된 시기에도 국경을 넘어 다른 과학자들과 쉽게 교류할 수 있다. (…) 둘째, 군비 통제나 군축처럼 특별히 기술 전문성을 요하는 분야에서 과학자들은 새로운 생각과 개념의 틀을 제시할 수 있다. 셋째, 정책 결정자들이 성공할 수 없다고 여겼던 상황에서 협력의 예를 보여 줄 수 있다. ('지구물리학의 해'였던 1959년, 과학자들이 협력하여 '남극 조약' 체결을 이끈 경우가 그 예다.) 넷째, 일단 평화조약이 체결된 후, 경고 및 조약 이행 검증 체계 등을 발전시켜 평화 유지에 일조한다. 마지막 다섯째, 과학자들은 미국과 구소련 연맹 사이에 진행되었던 공동 우주 프로그램처럼[1], 긴장 완화를 위한 협력 테두리를 제공하여 정부를 도울 수 있다."

그러나 위에서 열거한 사항들은 유럽에서 행해진 과학 협력 노력의 비약적인 발전과 독자성을 정확하게 반영하고 있지는 못하다. 유럽의 과학 협력 조직과 사업은 고위 책임자급 과학자와 외교관, 정치인들을 밀접하게 결속시키고, 대부분 국제 공무원 지위의 연구원들과 치외법권 특권을 갖는 연구소를 기반으로 발전했기 때문이다. 게다가 프로젝트의 상당수는 연구원 주도로 탄생했고(유럽원자핵공동연구소CERN, 유럽우주연구기구ESRO, 유럽분자생물학기구EMBO[2] 등), 그 과정에서 외교관과 정치가들은 희망을 품게 되었고 유럽 통합의 목표를 발견하게 되었다.

물론 전쟁 중에 각종 프로그램과 연계하여 실행된 미국의 '거대과학Big Science'[3] 모형과 전쟁으로 파괴되고 낙후된 유럽의

---

1) Cerreño and Keynan, *op. cit.,* p. XII.
2) CERN—Conseil Européen pour la Recherche Nucléaire
   ESRO—European Space Research Organization
   EMBO—European Molecular Biology Organization 옮긴이
3) 많은 과학자, 엔지니어, 연구 기관을 동원하는 대규모의 선도적 과학 연구 개발을 의미한다. 1957년경 미국의 오클리지 국립원자력연구소를 중심으로 행해졌던 원자폭탄 제조 계획에서 비롯된 단어다. 최근에는 국가가 지원하는

개별 국가 단독으로는 미국 수준의 과학 프로그램을 진행하는 게 불가능하다는 것을 알게 되었기 때문이기도 하다. 이를 만회하고자 하는 목표가 유럽 통합 계획과 맞물린 것이다. 따라서 유럽의 지역 공동 협력(예를 들어 빈 근처의 락센버그에 국제응용시스템분석연구소를 창설)[4]은 미국 린든 존슨 내각의 표현처럼 단지 냉전의 '긴장 완화'를 위해 적대적인 두 세계에 놓인 '가교'로만 볼 수는 없다. 그보다는 정치 통합 프로젝트를 위한 도구이자 결정적인 단계로 과학 협력 사업의 필요성을 인식한 선구적 과학자들의 취지를 살려, 프랑스와 독일이 화해하는 수준을 넘어 '공동의 미래를 건설'하려는 의미였다.

자발적 협력 과정

미국의 경우, 과학 및 과학 협력 정책은 자국 안보를 위한 도구에 불과하지만, 많은 유럽 과학자들(그리고 정부)에게는 통합을 이루기 위한 수단이었다. 바로 이 점에서 유럽 과학 협력의 경험과

막대한 자금을 바탕으로 많은 과학자들이 함께 참여하는 대규모 연구가 많아지고 있다. 옮긴이

4) IIASA 창설과 관련해 Cerreño-Keynan, *op. cit.*, pp. 55~83에 있는 Alan McDonald, 'Bridge-Building Across Cold War Divide: The Case of the International Institute for Applied Systems Analysis'를 참조할 것.

차원, 관점은 그 특수성과 고유성을 갖는다. 과학 협력의 과정에서 각 국가 간의 전통적인 반목과 경쟁을 초월해, 통합이라는 거대한 목표를 지향하고 있음을 볼 수 있기 때문이다. 현재 실현 중인 경제적 통합은 물론 아직은 그 형태를 예상할 수 없지만 현재 구상 중인 정치 통합까지 지향하고 있다. 요젭 로반Joseph Rovan의 말처럼 과학 협력의 과제는 '공동의 미래를 건설'하는 것이다.

우선 미국과 유럽의 과학 협력 사업의 정치적 관점을 비교하는 데 더 명확한 구분이 필요하다. 유럽의 협력 사업은 경제 위기가 닥쳐 일부 회원국들이 탈퇴하려 해도, "통합을 향한 전체 과정 속에 번복은 없다."는 원칙을 갖고 있다. 반면 미국의 협력 사업은 관련 기구들의 책임자 교체나 예산 변경에 따라 자주 중단되었다. 그 예로 미국국립과학재단National Science Foundation 이 부담하는 국제응용시스템분석연구소의 지원 분담금은 레이 건 행정부에 의해 폐지되었다가, 그 뒤 보스턴 예술 과학 아카데미를 통한 민간 재단들의 지원금으로 대체되었다. 사실 이 단체 는 미국과학기술한림원National Academy과는 아무 관련이 없다. 또 양자 간 혹은 다자간 조약의 일환으로 미국 나사(NASA)가 유럽우주기구(Europe Space Agency, ESA)에 제안했던 과학 협력 프로젝트들은 미국 측에 의해 중도 하차했다. 결국 아무 잘못도 없는 유럽 국가들만 큰 손해를 입었다. 미국의 국제 협력은 항상 자국의 이익을 위한 쪽으로만 움직인다.[5] 나토의 전 과학부 부사무총장인 윌리엄 니렌버그도 재임 기간 동안 자신의 전문 분야인 해양학 분야에서 40여 개의 협력 조약이 체결되었지만, 정작 실행 담당인 미국국립과학재단(NSF)은 조약 협상에 전혀 참여한 적이 없었다고 지적한 바 있다. 미국의 입장에서 과학 관련 사안들은 일련의 조약 협정서를 제안하거나 그저 단순히 국빈 방문을 위한 구실이고, 조약 서명에 가미되는 '문화적 양념'일 뿐이라고 윌리엄은 강조했다. 이런 의미로 보면 그의 표현대로, "(미국의) 과학자들은 외교관들의 장단에 맞춰 움직인다."고 할 수 있다. 그러나 유럽은 주로 외교관들이 과학자들의 장단에 맞춰 움직인다.

미국 정부가 내세우는 과학 협력 협정의 본질은 여러 대외 정책 가운데 하나의 도구로써 그 대상 국가(유럽 기구들을 포함)에 따라 달리 이용된다는 데 있다. 그러나 유럽은 회원국 각각의 과학 정책이 유럽연합의 정치·경제적 포부와 이익에 연관되므로, 협력 활동은 공동 조직체인 유럽 전체에서 일관성을 유지한

---

5) 이는 미국이 고립주의 대응 방식과 함께 제국주의 자세를 견지하고 있음을 보여 준다. 과거 윌슨 대통령의 베르사유 조약 안이 의회의 동의를 얻지 못해 베르사유 조약 체결에 불참한 것이나, 오늘날 부시 대통령이 기후 온난화에 관한 교토 협정 탈퇴 의사를 비치는 것, 또 핵무기 감축 조약을 위반하면서 미사일 방어 프로그램을 확장시키려 하는 것도 제국주의 전략에 기인한다. 미국은 조인했던 국제조약이 국익에 반한다고 판단할 때 준수할 필요가 없다고 생각한다. 국제연합 창설을 주도했음에도 국제연합의 결정 사항에 구속받지 않는다고 느낀다.

다. 따라서 모든 협력 활동은 브뤼셀의 유럽연합 집행위원회에 편입되어 있고, 현재는 모든 사업이 집행 기구(유럽 각료 이사회)나 의결 기구(유럽 의회)와도 연계되어 이뤄진다. 따라서 유럽의 과학 협력은 연구 프로그램에 어떤 변화가 있어도 되돌릴 수 없다. 반대로 미국은 백악관 주인이 바뀌거나 의회 분위기에 따라, 또 의회의 특권인 연간 예산의 변경이나 그로 인한 관련 기구들의 어려움 때문에, 기존 사업들이 유명무실해지고 심지어 폐지되기도 한다.

처음 시작은 미국이 주도했지만, 이후 유럽의 자발적인 조직화는 미국에 빚진 게 거의, 아니 전혀 없다. 또 대서양을 사이에 둔 양측의 과학 협력은 과학이 정치·경제와 불가분의 관계에 있는 만큼 경쟁 심리가 없을 수는 없다. 사실 과학 협력 활동에서 미국 과학자의 의식은 미국의 국가 개념에 대해 전혀 의문을 제기하지 않는다. 마찬가지로 이스라엘과 서아시아 과학자들도 서아시아 분쟁 완화를 위해 국경을 초월하는 역할을 해내지는 못하고 있다. 오히려 서아시아 분쟁으로 새롭게 획정된 국경 덕에 과학자들이 일할 기회를 갖는 것일지도 모른다.

그러나 유럽의 상황은 전혀 다르다. 분쟁이 발생하는 원인은 유럽이 여러 민족 국가로 나뉘어 있기 때문이라는 인식이 널리 퍼져 있기 때문이다. 앙드레 르보는 이렇게 말했다.

"다른 사회 집단에 비해 과학자 집단은 여러 민족 국가로 이뤄진 유럽을 일종의 과도기적 상태로 보는 경향이 가장 강하다. 역사적으로 오래된 과거이기에 어쩌면 매우 이상화되었을 수도 있지만, 과학자들은 르네상스 시대에 대한 기억('철학자'들이 초국경적인 종교 권력의 제재 외에는 아무것도 두려울 것 없이 유럽 안에서 자유롭게 왕래하던 시대)을 간직하고 있다. 이 점이 유럽 통합을 목표로 설정한 정치인과 과학자들을 가깝게 만들었다. 더 구체적으로 과학자와 정치가를 결속시킨 것은 실천적 행동이다. 장 모네[6]처럼 이론보다는 실천이 앞서고, 완벽하게 설계 초안을 잡는 것보다 일단 시작부터 하는 것이 중요하다고 생각했던 정치가들과 가깝게 만든 것이다."

바로 여기서부터 협력 조직 내의 과학 기구와 장관·외교관 등 정권 대표자들로 구성된 각료회 간의 결속 내지는 공생이 이뤄진 것이다. 또 유럽을 미국우주항공국(NASA)의 유럽 전진 기지로 삼으려 했던 나토의 의지가 수포로 돌아간 것도 유럽 우주연구기구(ESRO)의 모든 활동에 대한 절대적인 통제권을 과학자들이 쥐고 있었기에 가능했다.[7] 나도 경제협력개발기구 (OECD) 대표로 몇 차례 유럽원자핵공동연구소(CERN)의 프로그램 결정을 위한 중요 회의에 참석했을 때, 유럽 외교관들이 자국 정부로부터 하달받은 지침과 달리, 그 자리에서 과학자들의 의견을 수용하는 것을 종종 본 적이 있다.

---

6) 장 모네(Jean Monnet, 1888~1979)는 유럽 통합의 초석을 다진 1950년, 유럽석탄 철강공동체를 만들어 유럽연합의 아버지로 불리는 프랑스 정치가다. 옮긴이
7) J. Krige, *The Prehistory of ESRO, 1959~1960*, (ESA HSR-1, 1992, 7)

제2차 세계대전의 유산

제2차 세계대전 직후 유럽은 지난 수세기 동안 영토 분쟁과 반환 문제로 대립해 온 적국 간의 관계 정상화와 화해에 많은 노력을 기울여 왔다. 이 경험은 이후 유럽 통합 역사에서 매우 결정적인 계기가 된 것으로 보인다. 당시 영국과 프랑스가 보여 준 태도는 제1차 세계대전 직후와는 분명히, 그리고 확연하게 달랐다. 과거 바이마르 공화국에 도저히 견딜 수 없는 치욕과 원한을 안겨 준 굴욕적인 배상 요구도 없었고, 거부 행위도 없었던 것이다. 특히 아놀드 버겐[8] 경은 플라켄티아 만에서 루즈벨트 대통령과의 회담 후 1941년 8월 24일부터, 즉 **진주만 기습 훨씬 전부터** 나치가 패하면 독일 재건을 위해 함께 노력하자고 제의한 처칠의 연설을 상기시켰다. 물론 케인즈가 저서 『평화의 경제적 가치 *The Economic Consequences of the Peace*』에서 베르사유 조약의 단점과 그 결과를 비판한 것이 유럽의 태도 변화를 가져왔다는 사실도 배제할 수는 없다.

그러나 독일을 국제무대에서 보잘것없는 역할을 하는 농업 국가로 축소시키려 했던 미국의 '모겐소 플랜'을 상기해 보면, 이도 분명치는 않다. 루즈벨트 내각의 장관이었던 헨리 모겐소[9]는 1945년 출간된 『독일은 우리의 문제다 *Germany is our problem*』

---

8) 아놀드 버겐(Arnold Burgen, 1922~)은 물리학자이며 영국 왕립학회의 멤버, 캠브리지 다우닝 칼리지 명예교수로 재직했다. 옮긴이

라는 책에서 나치 독일은 우연히 출현한 것이 아니라 한 세기에 걸친 프러시아 군사화의 결과물이기 때문에, 기회가 왔을 때 그 산업 잠재력을 일소해야 한다고 주장했다. 이런 이유로 연합군의 독일 점령 초기, 미국의 일부 점령부가 독일의 연구 체계와 대학 재건에 반대한 것이다. 프랑스도 독일학 연구가인 에드몽 베르메유Edmond Vermeil가 '독일인 재교육'을 위해 연합국 각국이 설립한 위원회에 독일 교육 체제의 '전반적인 개편 틀'을 제안했다. 베르메유는 독일 과학을 통제하고 모든 교육 단계에서 재교육 정책을 실행할 필요가 있다고 역설했다. 코린느 드프랑스Corine Defrance는 최근 연구에서 미 점령부와 유사하게 당시 프랑스 점령부에서 강제 조치 옹호자들과 자유주의 재건론자들 사이에 진행된 논쟁을 보여 주고 있다.

　"평행선을 달리던 논쟁은 결국 베르메유가 독일 사상 전문가이자 학자의 입장에서, 고도의 정치 술수가 아닌 재교육 자체의 이점과 방식에 대해 자문하면서 끝났다."

　달리 말하면 미국의 '모겐소 플랜'은 에드몽 베르메유의 제안이 가져올 결과 이상을 이루려는 계획이었다. 모겐소에게는 독일의 산업 능력 부활을 완전히 막는 것이 무엇보다 중요했다.

---

9) 헨리 모겐소(Henry Morgenthau, 1891~1961)는 반독 감정이 심했던 사람으로 전후 독일 문제에 대해 강경한 계획안을 제시했다. 독일을 세 개의 점령 지역으로 분할하고, 군사력과 연관 있는 중공업 기반을 해체하여 자력 기반 없는 농업 국가로 만들어야 한다고 주장했다. 옮긴이

따라서 산업 발전의 기반이 된 교육 구조의 재건을 막는 것이
중요했던 반면, 베르메유는 독일 대학을 되살려 독일 과학과
교류를 재개할 것을 권고했던 것이다.[10]

어쨌든 영국에서는 아주 일찍부터 여러 과학자들(찰스 다윈, 패
트릭 블랙킷)이 팜 홀[11]에 감금됐던 독일 물리학자·화학자들과 접
촉하기 시작했고, 영국 점령군은 독일 내 기초 연구 활동을 재개
한다는 결정을 내렸다.[12] 왕립 학회는 오토 한Otto Hahn, 하이젠베
르크,[13] 폰 라우에와 같은 독일 과학자들을 받아들였고(1945년
10월), 이러한 영국의 의지는 계속되어 같은 해 베빈 내각은 11월

---

10) C. Defrance, 서방 연합군과 독일 대학Les Alliés occidentaux et les universités allemandes,
　　Preface de Hans-Peter Schwarz, 1945~1949, Paris (CNRS Editions, 2000, pp.
　　41~343)를 참조. 각 점령군 내에 '독일인 재교육' 담당위원회가 설치되었다.
　　베를린 점령 위원회의 연합군 교육 위원회가 공동으로 설정한 목표는 '3D'
　　프로그램, 즉 '나치 해산Dénazifier, 비무장Démilitariser, 민주화Démocratiser'였
　　다. 그러나 서방 국가들과 소련은 각기 다른 정책을 폈고, 냉전으로 1948년
　　베를린 점령 위원회는 해산된다.
11) 나치 패전 이후 미국과 영국은 하이젠베르크, 폰 바이체크, 오토 한 등 핵분열
　　관련 학자 열 명을 러시아의 손길이 닿지 않는 영국 캠브리지의 팜 홀에
　　억류한다. 옮긴이
12) 2차 대전 종전 시점에 영국으로 망명한 독일 물리학자들과 화학자들의 감금에
　　대해 더 많은 자료를 알고 싶다면 C. Frank, Opération Epsilon: Les Transcriptions
　　de Farm Hall, (Flammarion, Paris, 1993)
13) 베르너 하이젠베르크(Werner Heisenberg, 1901~1976)는 독일의 물리학자이자
　　철학자다. 제2차 세계대전 동안, 핵분열을 발견한 과학자 중 한 명인 오토
　　한과 함께 원자로 개발에 관해 연구했다. 옮긴이

1일부터 독일 영국령 내에 카이저 빌헬름 연구소Kaiser Wilhelm Gesellschaft의 재설립을 결정한다. 이 연구소는 후에 헨리 데일의 제안으로 '막스 플랑크 연구소Max Planck Gesellschaft'로 이름을 바꾸었다. (오토 한[14])이 최초의 총장이 되었고, 같은 해 노벨상을 수상한다.) 미국은 미국령 내 과학 시설 재건에 줄곧 소극적인 태도를 보이다가 1947년 오토 한이 루시어스 클레이 장군을 설득하여 입장을 재고하게 된다. 프랑스는 프랑스령 내 구 카이저 빌헬름 연구소를 신속하게 재건했지만 다른 점령 지역 연구소들과의 교류는 오랫동안 차단되었다. 양차 세계대전(그 이전에도!) 동안 민족주의적인 경쟁에서 기인한 뿌리 깊은 반목과 전쟁, 독일 침략으로 입은 물적·인적 피해로 과학 교류는 불투명하고 어렵게 보였다.

전쟁 직후 독일에 가장 중요한 문제는 생존에 관련된 것들이었다. 그래서 프랑스 지식인들은 무엇보다도 전후 젊은이들을 위한 정책을 서둘러 마련했다. 즉 프랑스와 독일의 고등학생과 대학생 교류를 보장했고, 특히 역사 교과서를 중심으로 교과서 내용을 협의하고 수정하는 데 기여했다. 많은 독일 과학자들이 미국이나 구소련으로 이주한 것과 달리, 무기 개발 연구를 했던 소수의 과학자들은 프랑스 이민을 택했다. 양차 세계대전은 프랑스와 독일을 '숙적'으로 갈라놓았다. 사실 양차 대전 사이에도 과학 협력이 있긴 했지만, 적개심과 불신의 분위기에서 각기

---

14) 오토 한(Otto Hahn, 1879~1968)은 독일의 핵화학자로 1944년에 노벨 화학상을 받았다. 옮긴이

상대에 대한 우월성을 과시하는 데 그쳤다. 1945년 이후로 독일은 프랑스에 대한 편견과 (나폴레옹 시대로 거슬러 올라가는) 패권주의 문화 이미지를 갖게 되었다. 그래서 피에르 망데스-프랑스[15] 의회가 유럽방위공동체(CED)[16]를 거부한 데 이어, 드골 장군 재임 시 나토를 벗어난 '위대한 프랑스 정책'을 펼치자 양국의 민족주의 원한과 전통이 부활한 것으로 여겼다.

프랑스는 나치 독일의 점령에 대해 안 좋은 기억을 갖고 있었다. 반면에 프랑스 문학과 문명사를 전공한 대부분의 독일 학자들은 하르트무트 캘블레[17]의 지적처럼 레지스탕스의 정신적인 역할을 이해할 수도, 인정할 수도 없었다. 게다가 프랑스가 4공화국에 이어 5공화국에 들어 더더욱 강경하게 추진한 핵 정책은 독일인들에게 위협이자 미국의 보호를 더 이상 받을 수 없게 하는 '단절'로 비쳤다. 그런 이유로 독일은 1960년까지 13개국과 대학교수 교류 프로그램을 진행하면서도 계속 프랑스를 제외시켰다. 이 프로그램은 과학자들에게 선진 연구를 접하고 배울 수 있는 기회였는데, 무엇보다도 미국의 참여가 큰 매력이었다.

---

15) 피에르 망데스 프랑스(Pierre Mendès-France, 1907~1982)는 1945년 드골 내각의 경제 장관을 역임한 프랑스 정치인이다. 옮긴이

16) 영어로는 EDC. European Defense Community. 옮긴이

17) 하르트무트 캘블레(Hartmut Kaelble, 1940~)는 독일의 사회학자이자 역사학자로 현재 베를린 대학 훔볼트 대학 교수로 재직 중이다. 유럽 역사에 대해 많은 책을 출간했다. 주요 저서는 『민주주의로 가는 길-프랑스 혁명에서 유럽연합Wege zur Demokratie』이 있다. 옮긴이

1960년대 이후에야 정치인들의 의지에 힘입어 프랑스와 독일의 과학자 간 교류가 가시적인 발전을 이루기 시작했다.

에티엔느 이르쉬[18]의 충고를 받아들인 장 모네와 로베르 슈망[19]의 협상으로 체결된 일련의 조약들을 기반으로 유럽석탄철강공동체(ECSC), 유럽 공동시장, 유럽원자력기구(Euratom)가 창설되었다. 이러한 협력과 교류의 토대가 마련되면서 역사의 질곡이 쌓은 장벽을 넘어, 유럽 다자간 기구와 조약을 기반으로 새로운 협력 네트워크가 재구성되었다. 1962년부터는 드골과 아데나워의 친분에 힘입어 자연과학 분야에서 양국 협력 사업이 활발해져, 그르노블에 물질 구조와 역학 연구 중심의 막스 폰 라우에-폴 랑주뱅Max von Laue-Paul Langevin 연구소가 설립되었다.[20]

---

18) 에티엔느 이르쉬(Etienne Hirsch, 1934~1993)는 금속공학 엔지니어 출신으로 프랑스 자유군(FFL) 레지스탕스로 활약했던 사람이다. 1944년 정치가 장 모네를 만난 후 유럽석탄철강공동체의 창설을 도왔고, 유럽연합을 만드는 중심인물이 되었다. 옮긴이

19) 로베르 슈망(Robert Schuman, 1886~1963)은 프랑스 외무장관이었고, 장 모네와 함께 독일과 석탄, 철강 자원을 공동 관리하는 내용의 협상을 성공시켜 유럽석탄철강공동체를 창설했다. '슈망 선언'을 발표해, 유럽연합의 토대를 마련했다. 옮긴이

20) 유럽 과학 협력과 '우여곡절'의 상징인 이 연구소는 줄 호로비츠Jules Horowitz의 이름을 딴 거리에 있다. 줄 호로비츠는 폴란드에서 태어나 부모와 함께 독일로 이주했다가 전쟁 직전에 프랑스에 정착했다. (그의 어머니는 비시 정권 경찰에 체포되어 아우슈비츠 수용소에서 사망했다.) 에꼴 폴리테크닉에서 공부하고 코펜하겐의 닐 보어에서 석사를 마친 호로비츠는 프랑스에서 원자로 물리학의 시대를 열었고, 원자력위원회 기초 연구 책임자(프랑스 핵

'민중과 문화Peuple et culture' 같은 단체를 통한 프랑스와 독일 양국의 민간 교류는 제2차 세계대전 종전 직후부터 즉각 전개되었고, 젊은이들과 지식인의 교류는 성공적으로 확대되었다. 특히 알프레드 그로세[21], 요젭 로반[22] 같은 유대계 독일 이민자들이 이런 교류에 중요한 몫을 담당했음을 강조할 필요가 있다. 두 사람 모두 레지스탕스에 참여했고, 요젭 로반은 다카우 유대인 수용소로 끌려갔다 살아남은 인물이기도 했다. 두 사람은 매우 일찍부터 독일 내 프랑스령의 민주화와 문화 연구 기관의 재건, 양국 교류를 위해 일했고, 두 나라 사이에 팽배한 선입견과 싸우면서 두 나라 젊은이들로 조직된 다양한 모임을 지원했다. 이들 모임은 그 후 상당 기간 지속되었다.

"과연 1814년, 1871년 혹은 1918년 후였다면 어느 누가 최소한

물리학 최고 권위자 중 하나였다.)를 역임했다. 막스 플랑크 연구소 소장이었던 하인즈 마이어 라이브니츠Heinz Maier-Leibnitz와 초창기 라우에 랑주뱅 연구소를 이끌었다. 고속 반응로와 유럽싱크로트론시설(European Synchrotron Radiation Facility, ESRF)을 만들었고, 유럽연합 위원회의 지원을 받아 영국 컬햄에서 젯(Joint European Torus, JET)의 반도체 프로젝트를 이끌었다. *L'oeuvre de Jules Horowitz*, al., 2권, (CEA, 1999)를 참조할 것.

21) 알프레드 그로세(Alfred Grosser, 1925~2002)는 독일의 정치·사회·역사학자다. 옮긴이

22) 요젭 로반(Joseph Rovan, 1918~2004)은 1939년에 프랑스로 이주한 유대계 독일인으로 철학자이자 정치가, 또 유럽인들의 의식 속에 아버지로 자리하는 인물이다. 2차 대전 동안 레지스탕스로 활약했고, 종전 후 독일을 민주주의 국가로 재건시켜야 한다고 주장했다. 옮긴이

유럽 대부분에서는 국가 간 갈등의 시대가 끝났다고 믿고,
느끼고, 생각하고, 행동할 수 있었을까?"

요젭 로반은 국제미래학회 자료에서 당시에 대한 소회를 이
렇게 적고 있다.

요젭 로반은 또 다카우 수용소에서 풀려난 직후, 『에스프리
Esprit』(1945년 10월 1일자)에 '우리의 미덕을 재는 척도, 독일'이라는
제목으로 당시 시류에 타협하지 않는 글을 게재했다. 이 글에서
요젭 로반은 독일 내 프랑스령을 두는 것은 복수심이 아닌 인권
존중을 바탕으로 하는 '양심의 문제'라고 주장하며, "비록 적이
라 할지라도 적의 인간 존엄성을 침해할 때마다 나의 존엄성도
침해받는다."고 썼다.[23] 또한 요젭 로반은 연합군이 승리할 수
있게 했던 가치를 내세워 여론과 지식인들이 독일의 미래에
대해서도 책임감을 느껴야 한다고 호소했다.

"지금 유럽의 한복판에서 적나라하게 드러난 독일의 끔찍한

---

23) 독일 문제를 다룬 정기 간행물 중 요젭 로반이 쓴 *Penseur et acteur du dialogue
franco-allemand*, Paris, (F. Hartweg Editions, 1999, 2)를 참조할 것. 이 글의 초반부
는 인용할 만한 가치가 있다. (pp. 6~18)

"자, 지난 수세기 동안 유럽을 호령하던 무거운 목소리가 사라진 침묵의 순간
이 왔다. 로마제국부터 중세에 이르는 긴 휴면기보다 더 끔찍하다. 독일 제
3제국이 붕괴되자 독일 국민들은 입을 다물고, 고유의 권력을 남의 손에 뺏긴
채 찢기고 침탈당했다. 유럽은 삶과 정치 의지가 사라진 공허한 독일과 살아
가야 한다. 독일은 우리에게 과오를 범했다. 그러나 사실 독일은 1940년에
저질렀던 것과 같은 침략을 그 이전에는 한 적이 없었고, 유럽의 어떤 강대국
도 오늘날 독일이 당하고 있는 것과 같은 정복을 당한 적이 없다."

상처는 승전국들이 한 일을 심판할 것이다. 내일의 독일은 우리의 미덕을 재는 기준이 될 것이다."

그러나 양국 민간 차원의 정상적 과학 교류는 그 뒤 수십 년이 흐른 뒤에야('또 다른 독일'인 동독과 소련의 위협이 대두되면서) 점진적으로 재개되었고, 이는 과학 분야와 정치·경제 분야에서 유럽 협력 기구들이 발전하면서 더욱 강화되었다.

유럽 대륙 차원의 연구 체계

'유럽 연구 체계'는 이제 유럽 대륙의 현실이다. 산업계와 학계의 무수한 연구소와 연구 팀을 아우르는 공동 협력 사업과, 다양하고 병행적이며 상호 보완적인 각종 과학 정책들이 복합적으로 작용하는 시스템이다. 유럽연합, 중요 유럽 연구 기구(CERN, ESA 등), 다자 협력 프로그램(Eureka, Airbus, Ariane 등), 그리고 각 회원국 자체적으로 시행하는 사업이나 정책 등 그 내용도 다양하다. 다자 협력 활동은 유럽 전체 공공 연구 개발(R&D)비의 14퍼센트를 차지한다. 그런데 이와 같은 다자 협력이 주로 응용 산업과 학문 분야(정보, 통신, 신소재, 생명공학, 교통, 우주항공)에만 집중된 사실을 주목할 필요가 있다.

'국제미래학회'에서 일부 지적했듯이, 미국 국립과학재단이 기초 연구 대학들을 지원하는 것처럼 유럽에는 그런 기초 과학 연구에 대한 공동 지원이 없다는 사실은 안타깝다. 당초 스트라스부르 소재의 유럽과학재단은 당시의 유럽 공동시장 회원국 전체 차원에서 그러한 임무를 수행하기 위해 설립되었다. 그러나 유럽 공동의 기초 연구 지원 기구로 연구 역량을 모으기란 쉽지 않았다. 프랑스 국립과학연구소(CNRS)나 막스 플랑크 연구소 같은 기존의 국립 연구 기관들이 연구소의 독립성, 연구 지원과 평가, 방향에 대한 특권(또는 연구 방향을 지시받지 않기를 원해)에 너무 집착했기 때문이다. 현재 유럽과학재단은 각국 정부에 정책을 제안하기 전에 대규모 협력 계획을 세우고 의견을 나누는 만남의 장이 되고 있다. 결국 심의 위원회일 뿐 재정 지원 기구는 아닌 것이다. 통합 유럽을 만드는 데 하나의 역설일 수 있는데 유럽 통합 차원에서 볼 때 과학 통합은 기술 통합을 따라가지 못하고 있다.

그렇지만 다양한 프로그램에서 이러한 협력 활동의 결집이 낳은 효과와 대학·산업계의 수많은 과학자들과 연구 기관의 참여는 확실히 고무적이다. 레지나 구스마오Regina Gusmão가 연구한 프랑스의 사례는 이를 잘 보여 준다. 1994년부터 1998년까지 1천 2백 개가 넘는 프랑스 연구 기관들이 유럽연합 프로그램에 참여했는데, 이 중 165개는 고등 교육 기관이었고, 858개는 기업체(이 중 중소기업의 수는 668개)였다. 이 연구는 또 공동 프로그램을 통해 각 나라 사이의 발전된 파트너십이 얼마나 중요한지 잘 보여 준다. 즉 유럽연합의 선택과 재정 지원이 각 국가의 연구 방향에 상당한 영향을 미치며, 나아가 유럽 프로젝트에 참여한 정도에 따라 국가의 '연구 체계'가 결정되는 등, 그 자체로 부인할 수 없는 전략적 중요성을 갖고 있다는 것이다. 이 주제를 다룬 논문에서 레지나 구스마오는 연구 역량과 재원 확보 면에서 유럽 연구 기관과 국가 연구 기관 사이의 격차가 각 국가의 연구 활동을 저해할 우려가 있다고 강조한다.

"결정적인 결론은, '반유럽주의자'들은 믿고 싶지 않겠지만 각국의 연구 개발은 이제 어쩔 수 없이 유럽 전체의 활동에 수렴된다는 점이다."[24]

지역 기구의 역할

북대서양조약기구(NATO)와 경제협력개발기구(OECD)가 유럽의 과학 기술 체계 재건과 발전을 위해 행한 역할을 과소평가할 수는 없다. 작업 여건과 수단은 분명히 달랐지만 두 기구 모두 거의 비슷한 시기에, 또 같은 정치적 압박하에 연구 개발의 전략적 중요성에 대한 인식을 일깨웠다. 그럼으로써 유럽 연구 개발이 비약적으로 발전할 수 있게 했다. 1949년 나토 결성의 근간인 북대서양조약 2항을 보면, 나토 회원국 간의 정치·경제 결속을

---

24) R. Gusmão, *L'engagement français dans l'Europe de la recherche*, Paris, (Economica, 1997, pp. 254~255) 참조할 것.

더 견고하게 만들기 위해서 연합군 동맹의 비군사적 목표를 강조하고 있다.

나토는 일찍부터 군사 분야와 직접 연관된 과학 연구 기구와 프로그램들을 창설, 시행했다. (실례로 테오도레 폰 카르만[25])에 의해 발족된 항공 연구 개발 자문 그룹(AGARD)) 그러나 나토 결성 뒤 8년 후에야, 소련이 성공적으로 쏘아 올린 최초의 인공위성 **스푸트니크**가 불러일으킨 공포감 때문에 비로소 과학위원회와 연구 개발 지원을 전담하는 전문 부서의 부사무총장 직급에 해당하는 과학 기술 고문관이 신설되었다. 1957년 과학 기술 분야의 '경험을 지속적으로 공유할 수 있는 긴밀한 관계'를 인식한 '세 명의 현인', 즉 캐나다, 이탈리아, 노르웨이 3국 외무장관(순서대로 레스터 피어슨Lester B. Pearson, 게타노 마르티노Gaetano Martino, 할바트 랑게Halvard Lange)이 이러한 정책 방향을 권고했던 것이다. 나토 내 의회도 거의 같은 시기에 비슷한 제안을 한 바 있다.

이전부터 미국은 많은 보고서를 통해 서방 국가들의 과학 기술 인재 양성 교육이 공산국가들에 비해 뒤떨어져 있다고 강조했다. 그 내용을 보면, 1953년 미국은 제1차 세계대전 때보다도 적은 수의 과학자와 엔지니어를 배출하고 있고, 특히 서유

---

25) 테오도레 폰 카르만(Theodore von Karman, 1881~1963)은 헝가리 출신의 미국 물리학자로 항공학과 우주항공학의 실용화와 기술 개발에 많은 기여를 했다. 1930년대에 미국으로 이주했고, 미국을 위해 독일 항공 기술 프로그램을 분석한 보고서를 작성했다. 옮긴이

럽의 전문 인력 부족은 더욱 심각했다. 1955년 하버드 대학의 러시아 전문가인 니콜라스 드 위트Nicolas de Witt가 발표한 구소련의 과학 전문 인력에 관한 보고서를 보면, 소련에서 배출하는 대졸 학력의 과학자, 엔지니어의 수는 나토 회원국 전체(연간 7만 5천 명)와 거의 맞먹을 정도였다. 또 1957년과 1960년 사이에는 5십만 명의 과학자와 엔지니어가 새로 배출될 것으로 예상되었는데, 이것은 미국의 두 배가 넘는 숫자였다.[26] '세 명의 현인'이 내놓은 보고서도 소련의 '대대적인 군사 공격' 가능성은 희박하지만, 이제 냉전은 다른 국면으로 접어들게 될 것이라고 강조했다. 즉 전장은 '군사적 방식과 유사한 방식'으로 '재난 없는 분쟁에 역점을 둔 공존을 가장한 침투'의 양상을 띠게 될 것이라고 역설했다. 이렇듯 새로운 형태의 대치 국면에서는 핵무기 때문에 '극단적' 수단은 배제되고, 군사력 전개보다는 교육 기관의 동원이 더욱 결정적인 요소가 되었다.

케네디 대통령에 의해 도입된 미 국가방위법National Defense Act은 연방 기구 발주 사업을 늘림으로써 대학 연구를 활성화시켰고, 덕분에 과학자와 엔지니어 인력을 빠르게 배출했다. 나토의 민간 분야 지원은 다음의 두 가지 형태로 발전했다. 하나는 장학제도(해마다 한 달에 약 6천5백 명 지원)이고, 다른 하나는 첨단 연구소 견습이나 1950년 세실 모레트 드위[27]가 설립한 에콜 데 주슈Ecole des

---

26) N. de Witt, *Soviet Professional Manpower, Its Education, Training and Supply*, Washington, (National Foundation, 1951)

Houches를 본뜬 여름학교 같은 형태로 프랑스 학생들이 최신 물리학 성과를 접할 수 있도록 지원했다. 장학금 지원(특히 미국 유학에 대한)과 나토가 주관하는 첨단 기술 세미나, 교육 기관의 확충은 유럽의 과학 연구 발전과 경쟁력 제고에 매우 중요한 역할을 했다. 여러 분야 중 특히 기상학과 해양학 분야의 과학 위원회는 회원국 내에 이 분야를 발전시키는 데 크게 기여했다. 여름 강좌는 회원국 중 한 곳에서 열렸지만, 과학자들의 참여는 나토 회원국 연구자들로만 제한하지 않고 다른 국가들에도 개방했다.

그러나 영국과 프랑스의 독자 노선 정책으로 나토가 시련을 맞으면서 민간 분야의 과학 발전도 난관에 부딪힌다. 드골 재임 직전 나토 과학 위원회의 프랑스 대표 천문학자 앙드레 루이 당종André-Louis Danjon은 프랑스 정부 대표로 미국 국립과학재단과 같이 전 서유럽을 위한 '서구(또는 대서양)과학연구재단' 설립을 제안했다. 이 계획을 제안하면서 당종은 이것이 각 유럽 국가의 기초 연구 방향을 지배하는 초국가적인 기구를 의미하는 것은 아니라고 위원회 구성원들을 설득해야만 했다. 영국 대표인 졸리 주커만[28] 경은 군사 목적의 기초 연구를 중앙집권적으로 관리하는 기구는 회원국들의 자주권을 위해 용인할 수 없는

---

27) 세실 모레트 드위(Cécile Morette-Dewitt, 1922~)는 여성 물리학자로 프랑스에 레 주슈 여름 물리학 학교를 설립해 프랑스와 미국의 과학 교류에 공헌했다. 1962년부터 1966년까지 나토의 과학사무국 자문관을 역임했다. 옮긴이
28) 졸리 주커만Zolly Zuckerman은 영국의 국가 과학 자문관이다. 옮긴이

위협이라고 반대하여 계획을 무산시켰다. 미국의 최고 우방인 영국이 오히려 성급하게 드골식으로 대응한 것이다.[29)]

1958년에는 미국이 MIT 모델을 딴 유럽공과대학을 설립하자고 제안(프랑스를 포함한 모든 회원국들이 이 계획에 찬성했는데)했지만, 드골 장군이 재임하면서 역시 자주성이라는 명목으로 사장되었다. 나토 연구 기관에 재능 있는 과학자들이 모두 흡수되어 국내 대학과 연구소가 고사될 우려가 있다는 이유였다. 그런 뒤에 드골의 프랑스는 (핵무기 제재에 대한 공동 의무 이행이 깨지면서) 나토를 탈퇴하게 된다. 그럼에도 나토의 사무총장인 폴 앙리 스팍은 과학 협력을 통해 프랑스와 미국의 입장 차이를 좁힐 수 있을 것으로 희망했다. 그러나 이러한 '과학자의 장단'도 드골의 결심을 되돌릴 수는 없었다. 비록 군사 기구를 탈퇴했지만 프랑스는 연합군 동맹과의 결속을 계속해서 공고히 다져 나갔고, 과학자 위원회에서 매우 적극적으로 활동했다는 점을 기억해야 한다.

냉전 종식과 함께 나토의 과학 프로그램은 '상대 국가'들 및 이집트, 이스라엘, 요르단, 모로코, 모리타니와 튀니지를 포함하는 '지중해 다이얼로그(지중해 연안국 회의)'까지 확대되어 평화 프로그램(이전에는 안정 프로그램)의 일환으로 '사전 경쟁' 성격의 연구까지 지원하게 되었다. 군비 경쟁 제한과 안보 및 군축과

---

29) J. Krige, "NATO and the Strengthening of Western Science in the Post-Sputnik Era", *Minerva*, 38권, (2000, pp. 81~208)을 참조할 것.

관련해 나토는 1993년부터 1997년까지 약 2천4백 명의 회원국 과학자들과 비슷한 수의 '상대 국가' 과학자들을 거느리게 되었다. 그리고 약 5만 2천 명에 이르는 과학자들이 컴퓨터 네트워크 프로그램을 이용하게 되었다. 그야말로 정상화된 동서 관계의 쾌거로 고르바초프는 1995년 나토의 한 첨단 연구소에서 행한 연설을 통해 "여기 계신 여러분들은 군사, 환경, 정치 안보 문제에 관한 동서 양 진영의 긴밀한 상호 연결과 협조(interconnection)를 실제 증명해 보였습니다."라고 역설했다. 이는 바로 군사 기구인 나토가 한때 바르샤바 조약국이었던 국가들(폴란드, 헝가리, 체코 공화국)을 수용하고, 비회원국인 '상대 국가'들의 연구 활동을 지원하고 냉전 종식 후 야기된 혼란을 수습하며, 과학 협력의 새로운 통로를 열었다는 것을 보여 준다. 윌리엄 니렌버그의 표현을 빌리면, 군의 장단에 따라 움직이지 않는 과학 협력을 이룬 것이다.

경제협력개발기구도 특히 과학·기술 정책 분야에서 과학 협력 사업이 활발히 전개되었다. 역시 스푸트니크가 야기한 공포와 유럽의 낙후된 과학 교육·연구 수준을 언급한 캐나다 외교관 윌그레스Wilgress의 보고서 때문이었다. 당시(1960년)는 마셜 플랜 기금을 운영했던 유럽경제협력기구(OEEC)가 미국, 캐나다, 뉴질랜드, 오스트레일리아와 일본을 포함하는 경제협력개발기구(OECD)로 바뀐 때였다. 그러나 경제협력개발기구 출범 전부터, 이미 영국 정부의 과학 자문위원회는 유럽 재건을 위해 과학·기술 자원을 활용하려는 의지를 분명히 밝힌 바 있다. 그런 맥락에서 유럽경제협력기구의 영국 대표였던 알렉산더 킹[30] 박사는 당시 유럽 생산성 본부의 역량을 증대할 수단으로 과학 위원회를 창설하는 데 결정적인 역할을 했다. 그러나 킹 박사도 강조했듯이, 당시 경제(혹은 전략) 문제가 시급한 상황에서 경제협력개발기구 위원회 외교관들이 이 같은 과학 활동의 중요성이나 이점을 인식하고 있었다고 보기는 어렵다.

어쨌든 유럽경제협력기구가 경제협력개발기구로 바뀌면서 과학 사무국이 창설되었고, 피에르 피가니올Pierre Piganiol을 회장으로 하는 위원회는 스푸트니크의 위협에 대처하기 위해 보고서를 발표했다. 이 보고서는 과학 정책의 두 가지 차원, 즉 과학을 **위한** 정책과 과학에 **의한** 정책을 강조했다. 또 회원국들에 과학·기술 정책을 입안하고 실행하는 기관 설립을 권고했고, 다른 한편으로는 경제협력개발기구가 자체적으로 과학부 각료 회의를 주관할 것을 제안했다. 이 회의는 1963년 처음 개최되어 이후 2년마다 정기적으로 열리고 있다. 또 킹 박사의 발의로 과학 사무국은 과학 교육 부서뿐 아니라 과학·기술 정책 부서를 두어 각종 연구와 프로젝트(연구 개발, 현황 통계, 국가별 조사, 연구 및 기술 혁신에 관한 경제 연구, 기술 전망 등)를 대대적으로 실행했고, 이는 바로 과학·기술 정책 위원회에 의해 각 회원국들에 반영되

---

30) 알렉산더 킹(Alexander King, 1909~2007)은 영국 출신의 화학자로 로마 클럽을 결성하는 데 기여했고, 유럽 생산성 본부의 의장직을 맡았다. 옮긴이

었다.[31]

더 나아가 과학 사무국은 유럽경제협력기구에서 시작된 국가 간 협력 사업(가령 도로 연구)을 연장했고, 유럽 산업연구경영협회(EIRMA, European Industrial Research Management Association) 같은 다양한 연구 기관들을 주관하거나 창설하는 데 공헌했다. 나토가 회원국들의 과학·기술 자원 개발을 통해 회원국의 정치·경제 협력 강화에 역점을 둔 것과 마찬가지로, 경제협력개발기구도 같은 식으로 전 서유럽 국가와 중립국에까지 영향을 끼쳤다. 경제협력개발기구에서 행한 구소련과 중국의 과학 정책 조사 같은 연구들은 공산 진영 국가들의 반향을 불러일으켜, 당시 공산권의 연구 대상이 된 점을 보면 실제 영향 범위는 더 넓었다고 볼 수 있다. 오늘날 나토와 경제협력개발기구가 나름의 방식으로 냉전 대결로 위협받는 유럽 내부의 평화를 유지하는 데 기여했다는 것은 분명하다. 그리고 유럽 역사가 전례 없는 진보를 이루는 데 유럽경제공동체(ECO)만큼이나 결정적인 공헌을 했다는 점도 인정해야만 한다. 이제 유럽연합 내의 민주주의 회원국들 간의 전쟁이란 상상할 수조차 없는 일이 되어 버리지 않았는가.

---

31) 특별히 『La Revue pour l'histoire de CNRS』 3호에 실린 저자의 인터뷰, 'L'OCDE et les politiques scientifiques'를 참조할 것. (2000, 11, pp. 40~58)

이념 전쟁 속의 사회과학

서유럽의 과학·기술 협력 발전은 당시 냉전의 정치·역사적 배경, 또 구소련 연맹과 동유럽 위성국가들의 위협과 떼놓고 생각할 수 없다. 실제 **스푸트니크**의 도전으로 과학자들은 평화기임에도 신무기 경쟁에 동원되었고, 과학·기술 문제는 군사·경제, 심지어 문화 정책에까지 밀접하고도 결정적으로 편입된 것이다. 한편에선 양 강대국 간 핵 분쟁을 유발할 수 있는 '극단적 충돌' 가능성이 대두되면서, 퍼그워시 운동이 시작되었다. **경성 과학** hard science과 **연성 과학**soft science[32)]의 과학자들을 규합한 퍼그워시 운동은 긴장 해소, 특히 군비 통제에 관한 최초 협상들을 준비하는 데 많은 노력을 쏟았다. 다른 한편으로 냉전 후 휴지기였던 '데탕트' 전까지 치열한 이념 대립이 계속되는 가운데 자연과학자들뿐 아니라 사회과학자들(양 진영의 지식인, 예술가, 작가까지 포함)까지 냉전에 가담하게 되었다.

알렉스 키난이 분류한 갈등 완화를 위해 과학자가 공헌할 수 있는 다섯 가지 경우 가운데, 피에르 그레미옹[33)]은 사회과학

---

32) 물리학, 지구물리학, 생물학, 화학 등 자연과학 분야로 실험과 수치화가 가능한 데이터, 객관적 방법을 통해 객관적 원리를 밝혀내는 학문을 통칭 '경성 과학'이라 한다. 경성 과학과는 달리 반복 가능한 실험과 수치화가 가능한 데이터의 기반 없는 학문 분야를 '연성 과학'이라 한다. 언어학, 심리학, 사회학 등을 이 범주에 넣을 수 있다. 그러나 이 구분은 과학계에서도 논란의 여지가 있어 일반화할 수 없는 개념임을 밝혀 둔다. 옮긴이

자와 직접적으로 연관된 경우를 두 가지 정도로만 본다. 과학자만의 네트워크를 이용, 국경을 초월해 다른 학자들과 쉽게 의사소통할 수 있다는 점, 기술적인 전문성을 요구하는 분야에서 새로운 사고와 개념의 틀을 제시할 수 있다는 점이 바로 그것이다. 피에르가 "일단 평화 관계가 수립되면 경고 메커니즘과 조약 이행 검증 시스템을 가동하여 평화를 유지한다."는 부분을 사회과학자의 역할에서 배제한 것은 상당히 일리 있어 보인다. 이 분야는 '경성 과학' 계열의 과학자들이 점유하는 전문 영역이기 때문이다. 사실 이 영역에서 사회과학자들은 경성 과학자들이 제공하는 정보나 측정 결과에 거의 전적으로 의존(이 점 때문에 사회과학자들은 연성 과학에 편입된다.)할 수밖에 없기 때문에, 경우에 따라 **실험자**가 아닌 논평자로서 이차적으로만 개입할 수 있을 뿐이다. 그러나 왜 나머지 두 분야가 사회과학자들에게 해당이 안 되는지 납득하기 어렵다. 정책의 성공 가능성을 간파하지 못한 정책 결정자들에 협력 모델을 제시하고, 긴장 완화를 위한 협력의 테두리를 제공하여 정부를 돕는 분야에서 말이다.

  이 두 경우에 사회과학자들은 문화라는 무형의 국경을 넘어 교육적 역할을 할 수 있고 동시에 선동대의 요원(평화 운동가나 이념

---

33) 피에르 그레미옹(Pierre Grémion, 1937~)은 프랑스의 사회학자다. 프랑스 '기관사회학연구소Le Centre de Sociologie des Organisations'의 소장으로 특히 정치·사회 조직과 과학, 과학 정책에 대한 연구를 주로 하고 있다. 저서로는 『반공산주의의 지성Intelligence de l'anticommunisme』(1995)이 있다. 옮긴이

전의 일원으로)으로 활동할 수 있다. 여기서 총성 없는 이념 전쟁에 참여하는 것과 긴장 해소를 위한 노력 사이의 경계가 매우 모호해진다. 그러나 사회과학은 사회과학이 반영하고 있는 가치 체계와 분리될 수 없다. 자연과학자는 특정한 가치 체계를 수용한다고 해도 학문 연구에 관련이 없고, 특히 연구하는 대상에 영향을 미치지는 않는다. 한 인물 안에 독립된 두 가지 차원이 존재할 수 있는 것이다. 그렇기 때문에 앙드레 르보가 든 예처럼 수학사에서 코시[34]와 갈로아[35]가 남긴 업적이 코시가 극보수주의자인 것과 갈로아가 좌파라는 사실과 아무 연관이 없게 되는 것이다. 자연과학에서 연구 분야와 가치 체계, 이 두 차원이 상호 연관된 것으로 설명하려 했던 시도는 모두 수포로 돌아갔다. 예부터 지금까지, 그러니까 맑스의 과학사부터 구성주의 과학사회학에 이르기까지, 과학자의 발견과 창의성을 사회적 조건과 엄밀하게 결부지어 유추하는 것은 논리적 증명이기보다는 항상 이념적 전제에 근거한 것이다.[36]

---

34) 코시(Cauchy, Baron Augustin Louis, 1789~1857)는 프랑스의 수학자다. 복소수함수론과 해석학의 엄밀성을 주장해 기체역학과 공기역학의 유용한 도구로부터 수학 연구의 독립된 분야를 개척했다. 가톨릭 신자였고 왕당파를 지지했다. 옮긴이

35) 갈로아(Galois Evariste, 1811~1832)는 프랑스의 천재 수학자다. 군群의 개념을 처음으로 발견, 이를 사용하여 방정식에 관한 일반적인 해법, 즉 '갈로아 이론'을 완성했다. 개인적으로 불우한 환경과 사회에 대한 반골 의식이 더해져 당시 공화정을 지지했던 진보적 인사였다. 옮긴이

이와는 반대로 사회과학은 연구하는 학자가 준거로 삼거나 수용하는 가치 체계를 절대 벗어날 수 없기 때문에, 때로는 연구 대상과 개인의 선택을 혼동하기도 한다. 따라서 사회과학자가 이념 전쟁에 개입하는 것은 자연과학자들의 개입과 그 성질이 같을 수가 없다. 자연과학자들에게 연구 대상은 변하지 않지만 (천체를 관측하는 천문학이 혜성의 변화에 따라 변하는 것은 아니다.), 사회과학자들은 연구 대상에 영향을 미치고 또 영향을 받기 때문에 그 진리성에 관해 자연과학의 논쟁보다는 '의문의 여지가 많은 논쟁'을 늘 야기한다. 그렇다고 해서 이런 논쟁의 결론이 필연적으로 의심스럽다는 뜻은 아니다. 레이몽 아롱이 막스 베버의 『직업으로서의 학문과 정치』의 서문에서 상기한 것처럼, 사회과학이 신화나 선전·선동으로 흐르지 않도록 견제하는 '사회과학계'의 구성 원칙이 있기 때문이다.[37] 그러나 이런 원칙만으로는 진리에 대한 합의를 이루는 데 역부족이다. 자연과학은 같은 조건에서 이런 위험이 없다. 우리는 자연과학을 항상 선전·선동으로 이용할 수 있지만, 신화처럼 맹목적인 준거로 삼을 수는 없다. 하나의 수학 공식은 성립되거나, 또는 성립되지 않을 뿐이다. 과학 원리는 구소련 연맹의 카피차Kapitza[38]나 나치 정권하의 하

---

36) 2001년도 4, 5월 『Sciences et Avenir』에 저자가 게재한 글 "La politique de la découverte"를 참조할 것.

37) R. Aron, "Introduction à M. Weber", Le savant et le politique, Paris, (Plon, pp. 22~23) 참조할 것.

이젠베르크까지 아인슈타인의 이론을 제약 없이 사용할 수 있다. 비록 한쪽에서는 '부르주아' 과학으로, 다른 쪽에서는 '유대인' 과학으로 규탄 받았지만 말이다.

스탈린이 죽기 전까지 동부 유럽의 공산권 사회의 빗장에 맞서 서방 **사회과학자**들은 처음에는 공산권의 프로파간다에 맞서는 반反프로파간다를 조성하는 데 영향을 주었다. 이후 1955년 동서 진영 간의 접촉을 시작으로 한 데탕트 분위기 속에서는 경험주의적인 '미국식' 연구 방식의 발전과 함께 하나의 모델 역할을 담당했다. 서유럽에서 더 자유로운 방향으로 경제 구조를 근대화하기 위해 내린 결정들은 바로 미국의 응용 사회과학 연구 경험을 토대로 한 것이었다. 사회적 과정(프로세스)의 과학적 접근법과 수치에 입각한 계획, 공산주의 계획 경제 체제에서 탈피하는 변화의 관리를 다루는 '사회 공학'이 하나의 유행 공식이 된 것이다. 존 갤브레이스John K. Galbraith의 직설적인 표현처럼 지식인들은 '사회주의 신념'에서 '사회과학'으로 전향해야만 했다.

특히 폴 라자스펠트[39]가 끼친 영향은 여기서 충분히 다룰

---

38) 표트르 카피차(Pyotr Leonidovitch Kapitza, 1894~1984)는 구소련의 물리학자로 자기학과 저온물리학 연구의 공적으로 1978년에 노벨 물리학상을 받았다. 1946년에 수소폭탄 프로젝트를 거부하며 스탈린의 미움을 사 모스크바 물리기술연구소장에서 축출된다. 스탈린 사후 복권되어 소련과학아카데미의 유일한 비공산당 멤버로 활동했다. 옮긴이

39) 폴 라자스펠트(Paul Lazarsfeld, 1901~1976)는 빈 출신의 미국 수학자이자 사회

수 없을 정도로 방대하다. 폴 라자스펠트는 유네스코에서 대규모의 사회과학 연구를 시행했는데, 이 연구들은 이론 중심적인 맑스주의에 충실해야만 하는 운명의 동유럽 학자들에게 '자본주의 편견에서 자유로운' 객관적이고 중립적인 방법을 매개로, '서구적' 학문 연구 방식(설문, 사회 조사, 거시 통계 분석 등)을 접할 수 있게 해 주었다.[40] 빈 출신의 사회학자인 폴 라자스펠트는 유럽으로 돌아온 후, 근본적으로 유럽의 사회과학은 여전히 철학적이고 사변적인 사고방식이 지배하고 있고, 동유럽에는 이념의 비중이 더욱 크다고 지적했다. 그러나 경험주의적 방식의 연구에 수학을 응용한 점(특히 정책 결정 과정에 적용될 때)은 정통 맑스주의 영향권에서 벗어나는 수단이 되었다. 라자스펠트는 유네스코의 각종 학회와 발간 자료에 '잠재 전략'이라고 명명한 방법을 활용했는데, 이 전략은 이미 라자스펠트가 프린스턴 대학에서 라디오 연구소, 콜롬비아 응용사회과학연구소와 함께 한 각종 대규모 연구에서 큰 성공을 거둔 바 있었다. 이 전략은 기업이나 국가 기관들이 제기한 질문에 답하는 방식의 응용 연구를 진행하는 과정에서 결국 대학 구조와 방식을 변화시키는 전략이었

학자다. 20세기에 가장 큰 영향을 미친 사회과학자 중 한 사람이다. '1940년대 사람들의 투표 행위에 영향을 미치는 요인 연구' 등을 통해 사회과학계에 계량적 연구 방법을 발전, 보급시켰다. 옮긴이

40) 라자스펠트가 연구한 유네스코 출간 자료 중에서 *Principales tendances de la recherche dans les sciences sociales et humaines*, (UNESCO, 1968)를 참조. 이 자료는 Pierre Auger의 보고서 *Tendances actuelles de la recherche scientifique*, (UNESCO, 1961)와 유사하다.

다. 장기적으로 정치적 영향력이 상당한 문화적 동화同化 전략인 것이다.[41]

한국 전쟁이 발발한 그 주에 베를린에서는 '문화자유학회Le Congrès pour la liberté'가 창립되었다. 이 학회는 동서 이념 전쟁에서 공산주의자들의 조직적 선동에 대한 서구 지식인들의 맞대응이었다. 역사적 사건에 뛰어들어 때로는 저항하면서도 이를 자양분으로 삼는 인문학, 특히 사회과학은 다루는 사건이 반영하는 철학과 세계관, 이념적 전제의 범주를 완전히 벗어날 수가 없다. 바로 여기에서 자연과학과 인문과학 사이의 **객관성의 경계**가 드러난다. 사실 자연과학보다는 인문과학을 가치나 이념 체계로 끌어들이기가 더 쉽다. 물리학자나 화학자, 생물학자들은 분명 하나의 교리와 같은 절대 원칙을 준거로 삼는다. 절대 원칙에 입각하여, 원리가 거짓인데 그 이론이 참이 될 수 있다거나, 이론으로 증명할 수 없는 것을 경험으로 증명할 수 있다는 것은 절대 용납되지 않는다. 리센코 사건[42]은 이러한 사실을 잘 보여

---

41) 이에 관해 라자스펠트의 경험과 견해를 알 수 있는 자료들은 다음과 같다. 'An Episode in the History of Social Research: A Memoir', (D. Fleming & B. Bailyn), *The Intellectual Migration: Europe and America*, 1930~1960, (Belknap Press of Harvard University Press, 1969, pp 270~273), 그리고 J. Lautman과 B.-P. Lecuyer의 지휘로 완성된 폴 라자스펠트 헌정서인 *Paul Lazarsfeld(1901~1976): Le sociologue de Vienne à New York*(이 제목에 *et retour de New York à Vienne*를 덧붙일 수 있었다.), Paris, (L'Harmattan, 1998)

42) 리센코(Lyssenko, 1898~1976)는 러시아의 농업생물학자로 정치가이기도 하다.

주고 있다. 반대로 현실에서는 경제성장과 더불어 중산층이 증가하는 데도, 맑스의 주제인 빈곤화는 오랫동안 유럽에서 살아남았다. 가스통 바슐라르는 이렇게 말했다.

"철학 학회에서는 철학자들이 각자의 '**주장**'을 서로 교환하는 반면에, 물리학 학회에서는 이론 물리학자들과 연구자들이 각자의 '**정보**'를 나눈다."[43)]

그러나 냉전의 이념 대립은 철학 학회에서도 '정보'를 나눌 수 있고, 물리학 학회에서도 '주장'을 나눌 수 있음을 보여 주었다. 소련의 문화 공격에 맞서 "책 한 권이 하나의 전투만큼이나 중요할 수 있다."고 한 디스라엘리[44)]의 말처럼 '문화자유학회'는 각종 세미나, 전시회, 콘서트, 출판 사업을 지원했다. 즉 외부적으로 중립적이고 공식적으로 정부를 대변하지 않는 중재자로서 개입한 연구자가 아니라, 이념의 전쟁터에 자신의 위치 그대로 노출된 지식인과 **사회과학자**로 개입한 것이다. 그렇지만

다윈의 진화론과 라마르크Larmarck의 이론을 결합시켜 개인 생활에서 습득된 형질이나 돌연변이가 후손의 유전형질을 변형시킬 수도 있다는 내용의 '리센코 학설'을 주장했다. 당시 정설은 습득된 형질은 유전되지 않는다는 것이었는데, 서방 학자들이 이에 강력하게 반발했고 분명한 증거를 대라고 비판했다. 리센코는 자신의 형질 변경 이론에 반대하는 소련 학자들을 반동이라고 비난했다. 옮긴이

43) G. Bachelard, *Le rationalisme appliqué*, Paris, (PUF, 1943, p. 1)

44) 디스라엘리(Benjamin Disraeli, 1804~1881)는 영국 의회 의원이자 수상을 역임한 인물로 영국에서 근대적 의미의 보수당을 창당했다. 옮긴이

이들의 활동과 참여는 더 많은 사람들의 가치관을 **전향**시켜 대치 상태를 완화하려는 것이었다. 레이몽 아롱, 스테픈 스펜더[45], 이그나치오 실로네[46], 니콜라스 나보코브[47], 에드워드 쉴즈 Edward Shils, 그 외에도 수많은 지식인들이 프로파간다 요원처럼 『데어 모나트 *Der Monat*』, 『미네르바 *Minerva*』, 『인카운터 *Encounter*』, 『증거 *Preuves*』와 같은 잡지를 통해 여러 논쟁에 참여했다. 그야말로 모든 문화 수단을 동원한 '평화적 방법'을 무기로 사용한 것이다. 피에르 그레미옹은 이를 두고 참여자들이 의식하든 못하든 간에 존 르 카레 John le Carré와 같은 미국 지식인들에 의해 조종되는 사상 외교, 또는 지적 전쟁이라고 했다. 문화 학회가 마치 유럽 차원의 하나의 거대한 출판사, 더 정확히 말하면 미국 중앙정보국에 의해 지원을 받는 국제 출판 그룹과 다를 바 없었던 것이다.[48]

레이몽 아롱의 표현대로 '전쟁은 불가능하지만 평화는 요원

---

45) 스테픈 스펜더(Stephen Spender, 1909~1995)는 영국의 소설가, 시인, 수필가로 사회 부정의와 계급투쟁을 주제로 한 작품을 썼다. 옮긴이

46) 이그나치오 실로네(Ignazio Silone, 1900~1978)는 이탈리아의 소설가이자 정치 활동가다. 이탈리아 공산당 창당 멤버였지만 후에 스탈린에 반대하고 공산당에서 축출된다. 그 뒤 작품 <폰타마라 *Fontamara*>, <빵과 와인 *Bread and Wine*>을 썼고, 1943년 이후 본국으로 돌아가 다시 공산당에 합류한다. 옮긴이

47) 니콜라스 나보코브(Nicolas Nabokov, 1903~1978)는 러시아 출신의 미국 작곡가다. 옮긴이

48) P. Grémion, *Intelligence de l'anticommunisme: le Congrès pour la liberté à Paris*, 1950~1975, Paris, (Fayard, 1995)

한' 상황, 팽팽한 이념 대결의 상황에서 신문, 잡지, 라디오, 서적, 학회 뿐 아니라 정보 요원과 정보 기관의 첩보 활동까지 동원된 전쟁이 치러졌다. 이 전쟁의 구심점은 포드 재단이었고, (미 중앙정보국도 포드 재단을 통해) '문화자유학회' 및 모든 활동과 출간 사업을 지원했다. 구소련 단체 '평화수호자들의 운동'이 케이지비(KGB)의 통제 아래 프라하에 본부를 두고 있는 것과 마찬가지로[49], 이 단체는 파리를 활동 기지로 삼아 건물을 빌리고 워싱턴 정보 요원들의 활동을 지원했다. 그 의도는 서유럽 지식인들의 논쟁에 긴밀하게, 또 더불어 동유럽 지식인들의 논쟁에 간접적으로 영향을 행사하려는 데 있었다. 특히 응용 사회과학의 미국식 연구 모델처럼 유럽의 학문 및 연구 방법, 프로그램을 변화 발전시키려는 목적도 있었다. 우선은 '사회 공학' 프로그램을 기치로 내걸고, 뒤이어 기업 경영과 사회 관리에서 가장 '과학적인' 접근 방식으로 사례를 연구하고 시스템을 분석하는 경영 학교를 파급시켰다. 그러나 이 같은 프로파간다 전쟁은 동서양 진영의 학자들을 가깝게 해, 응용 연구와 '맑스 수정주의' 사이의 생산적 교류를 낳기도 했다. 결국 사회과학의 실리적

---

49) F. S. Saunders, *The Cultural Cold War: The CIA and the World of Arts and Letters*, New York, (The New Press, 1999)를 참조할 것. 이 책은 정보기관 요원들과 '문화자유학회' 학자들의 연합에 대해 자세한 정보를 제공하지만 냉전을 서구 진영의 계획으로 생각하는 것 같다. 이에 관해 가장 좋은 참고 자료는 2000년도 『*Communisme*』지 62~63호에 실린 Pierre Grémion의 'Regards sur la diplomatie américaine des idées pendant la guerre froide', Paris, (note 1, p. 83)이다.

연구 방법과, 뒤이어 그 내용을 통해 실행된 사상 공격에 철의 장막이 뚫린 것이다.

　나와 데렉 드 솔라 프라이스Derek de Solla Price가 국제과학연맹이 사회(International Council of Scientific Unions, ICSU)의 틀 안에서 창립한 국제과 학정책연구자문위원회(ICSPS)와 관련해, 개인적으로도 이 같은 변화를 경험했다. 이 회의에는 동구권과 서구권 및 남반구 국가 를 대표하는 과학사학자, 정치학자, 경제학자, 정책 입안자들이 참가했다. 서유럽이나 동유럽(폴란드, 체코슬로바키아, 동독, 헝가리, 구소 련), 개발도상국(브라질, 인도) 중 한 곳에서 2년에 한 번 회의가 열렸 다.[50] 학회를 통해 '과학의 과학'이라는 이름으로 공산권 국가 들에 소개된 **'과학 정책 연구**Science policy studies'는 과학 정책 검토, 평가, 연구에 대한 공동 영역을 마련했다. 이를 계기로 서방 진 영의 연구 활동이 동구권보다 훨씬 앞서 있으며, 자유로우면서 다양한 출판 혜택을 누리고 있음이 뚜렷이 드러났다. 서방의 연구 활동이 앞서는 이유도 바로 이런 자유와 다양성 때문이다. 또 참석한 동구권 회원들에게 이 학회는 학문 교류와 '재교육',

---

50) 이 회의의 유래에 대해 다음의 자료들을 참조할 것. J.-J. Salomon, I. Spiegel-Rösing의 책, *Science Policy Studies, International Union for the History and Philosophy of Science*, Tokyo, (1974, pp. 202~210)에 실린 R. MacLeod, "The Historical Context of the International Commission for Sciences Policy Studies", I. Spiegel-Rösing, D. de Solla Price, *Science, Technology and Society: A Cross-Disciplinary Perspective, under the Aegis of the ICSPS*, London, (Sage, 1977). 그리고 이 위원회는 도쿄 과학 역사 회의 이후부터 ICSU 내에서 독자 기구로 발전했다. (1974년)

금지된 문학을 접할 수 있는 기회였다. 게다가 다루는 주제들이 외견상 '중립'을 띠었기에 정통 맑스주의 권위와 큰 충돌은 없었다. 회의가 표방하는 계량적 방법론에 대한 일종의 암묵적 동조가 이루어진 것이다.

그 예로 1971년, 국제과학사학회 모스크바 총회에서 데렉 드 솔라 프라이스는 서방 진영에서 과학 연구 평가에 사용되던 통계적 방법들을 발표해 유례없는 성공을 거두었는데, 특히 **계량 서지학 방법**Bibliometric은 큰 관심을 끌었다. 이 방법은 미 국립과학재단의 연구, 이 회의에 직접 참석한 유진 가필드[51]가 개발한 **인용 색인**Citation Indexing, 또 이 분야에서 경제협력개발기구가 구축한 데이터 수집 설명서, 이 모두를 기반으로 완성한 결실이었다. 그 뒤 즉각 러시아나 우크라이나, 벨로루시 같은 구소련 연맹의 여러 대도시에서 초청 학회가 열릴 만큼 큰 성공이었다. 이런 식으로 베르날[52]로부터 계승된 '과학의 사회적 기능'이라는 맑

---

51) 유진 가필드(Eugene Garfield, 1925~)는 유명한 과학 문헌 인용 색인(SCI) 방법을 고안해 낸 미국의 과학자다. 광범위한 과학 학술 문헌들에서 자주 인용되는 정보를 일정한 구조를 통해 색인·검색할 수 있는 시스템을 개발했다. 덕분에 많은 정보를 효율적으로 다룰 수 있게 되었고, 학문 간 교류 발전을 가져왔다. 또한 자주 인용되는 정보(인용 지수Impact Factor)를 통해 학자의 연구 내용과 영향력을 쉽게 파악할 수 있게 되었다. 옮긴이

52) 존 데스몬드 베르날John Desmond Bernal은 영국 왕립학회의 회원일 정도로 뛰어난 영국의 물리학자다. 과학 외에도 많은 분야에 박학했던 베르날은 사상적으로는 맑스주의자, 정치적으로는 공산주의자였다. 옮긴이

스의 테마는 계량적 방법론 분석을 통해 정통 맑스주의에 반하지 않는 하나의 출구를 찾은 것이다. 곧이어 우리는 이 학회들이 이들의 사상 변화에 얼마나 많은 영향을 끼쳤는지를 알게 되었다. 서방의 과학·기술 정책 진화에 대한 연구를 통해 서방 세계를 더 명확하게 이해하게 되면서 자연스레 일어난 변화였다. 특히 동구권에서 열린 국제과학정책연구자문위원회 회의를 계기로 경제협력개발기구가 출간한 과학·기술 정책 자료는 코메콘(COMECON) 회원국에서 토론과 연구 대상이 되었다. 코메콘은 경제협력개발기구에 필적하는 기구가 되려 했지만 그러지 못했다. 오로지 소련의 국익에 따라 위성국가에 노동 분업을 강요하는 등, 경제협력개발기구와 비교할 수 없는 '작위적인' 성격의 기구였다.

또 다른 예로 권력 상층부에 상응하는 수준의 결정권과 책임을 가진 기구로 '국제응용시스템분석연구소'가 있는데 적대적인 양 진영 사이에 '가교'로 설립된 연구소다. 이 연구소가 당초 '동서 경영 및 행정연구소East-West Institute of Management and Administration'라는 명칭으로 출범한 바로 그 해에 소련에서는 '다른 생각을 가진 자'를 가리키던 오랜 러시아 단어가 '반체제 인사'라는 의미로 바뀌었다. 한편 이 연구소를 창립하는 데 핵심적인 역할을 한 인물들 가운데는 소련국립과학기술위원회 부회장이자 코시기네[53]의 사위이며, 맥조지 번디McGeorge Bundy와 함께 국제응용시스템분석연구소를 창설하는 데 핵심 역할을 한 그비시아니Gvishiani와 같은 인물도 있다. 이 연구소는 외견상 이념 논쟁의 바깥에 있는 경영 기술의 '중립' 지대로 설립되었으나 결국 환경, 인구, 에너지, 수자원 관리 등과 같은 '전 지구적'인 문제를 연구하고 해결하기 위한 미국식 시스템 분석의 창이 되었다. 빈 근처 락센버그에서 동서 양 진영은 매일같이 대면해야 하는 정치적 긴장에서 멀리 떨어져, 인류의 원대한 미래가 달린 문제들에 대한 공동 연구를 진행하고 있었고 그와 함께 냉전의 불길은 서서히 꺼져 가고 있었다.

반체제 운동의 무기

한편 소련에서는 역사학자들(메드베데브Medvedev, 네크리히Nekrich, 아말릭[54] 등)을 필두로 체제 비판이 시작되었고, 뒤를 이어 물리학자(투르친Turchin, 사하로프[55], 찰리체Tchalidze)들의 체제 비판이 급증하면서

---

53) 코시기네(Alexis Kossyguine, 1904~1980)는 러시아의 정치가다. 1964년부터 1980년까지 구소련 연맹의 총리를 역임했고, 소련 경제 개혁을 이끌어 경공업과 소비재 산업을 진흥시키고자 했다. 그러나 브레즈네프가 연맹의 수장이 되면서 코시기네의 개혁과 입지는 성공하지 못했다. 옮긴이

54) 아말릭(Andrei Amalrik, 1938~1980)은 구소련의 작가이자 반체제 운동가다. 1969년 『소련이 1984년까지 살아남을까?*Will the Soviet Union Survive Until 1984?*』라는 책을 썼다. 옮긴이

55) 사하로프(Andrey Dmitriyevich Sakharov, 1921~1989)는 소련의 핵물리학자다.

인권 위원회가 개설되었다. 일부는 사하로프의 보고서 『소련의 지적 자유와 공존』이 당시 서구에서 대두되던 세계 기근, 환경 오염, 핵무기의 위협과 같은 주제를 다루고 있어, 공산주의와 자유주의라는 두 정치 체제를 '수렴'한 것으로 여겼다. 하지만 이 책은 단지 한 과학자가 지적 자유라는 대의를 위해 '과학적 방법론'을 주장하며, 체제 자유화를 막는 장애물들을 지적한 보고서일 뿐이었다. 사하로프도 외부적으로 보기에는 퍼그워시의 일부 서구 과학자들처럼 '선입관을 초월해' 정치적 문제 해결에 적용될 수 있는 과학적 방법을 찾기를 꿈꿨던 것 같다.[56] 그러나 '과학적 방법'을 내세우면서도 사하로프는 여전히 **체제 내부**에 머물렀고, 맑스주의 교육을 받은 독자들을 대상으로 했

이론물리학자로서 이고리 탐과 함께 소련의 첫 번째 수소폭탄 개발을 위한 연구를 했고, 탐과 함께 제어 열핵융합에 대한 이론적 기초를 마련했다. 그러나 열핵폭탄의 방사성 낙진의 위험을 알고 1961년 열핵폭탄의 대기 중 실험 계획 반대를 시작으로, 반체제 운동을 펼치게 된다. 인권, 시민 자유, 개혁, 서구 진영 국가와의 화해를 주창했고, 1975년 노벨 평화상을 받았으나 정부에 의해 1986년까지 소련에 유배되었다. 옮긴이

56) A. Sakharov, *La liberté intellectuelle et la coexistenc*, (Paris, Gallimard, 1969)를 참조. 이 책의 29쪽, 첫 장 서문을 인용한다.
"저자의 사상은 과학과 기술 전문 인텔리겐치아 계층이라는 출신 배경에서 형성되었다. 이 계층은 인류의 미래만큼이나 국제 및 국내 정치의 원칙과 특정 주제에 관해서도 지대한 관심과 우려를 표명하곤 했다. 이 같이 우려하는 원인 중 하나는 정치와 경제, 예술, 교육, 그리고 군사 문제들이 과학적 방법과는 상관없이 다뤄지고 있는 현실 때문이다."

다. 독자들은 사하로프의 보고서가 맑스 이론을 암시한다고 느꼈을 것이다. 다시 말해 맑스의 이론이 인류의 현안을 분석하고 해결하는 데 하나의 '과학적' 방법을 제시한다는 확신을 준 것이다. 결국 사하로프의 불만은 맑스주의 자체가 아니라 그 유명한 과학적 방법을 사회 관리에 응용하지 못하는 맑스주의자들의 무능력에 있었다.

그러나 초기에 내부에서 개혁을 달성하려 시도했던 '반체제 인사'들은 점차 체제를 변화시키고자 하는 희망을 잃게 되었다. 이전처럼 시베리아로 이송되거나 최악의 경우 정신병원에 감금되거나 죽음을 감수할 정도는 아니었지만, 반체제 인사들은 사회에서 격리되거나, 재판 절차 없이 추방되었다. '프라하의 봄'이 일으킨 희망찬 분위기에서 사하로프의 **초기** 글들이 보여 준 체제 비판은 소련 혁명의 유산을 부정하지 않은 채, 실상 '방법론'적인 측면에서 체제 진보를 희망한 것일 뿐이다. 사하로프의 최초 선언보다 더 치명적인 파장을 일으킨 안드레이 아말릭의 책 서문에서 알랭 브장송도 이 점을 강조하고 있다. 사하로프는 "내부 깊숙이 뿌리 깊은 고답주의를 감춘 채, 피상적인 모더니즘을 보여 준다. 헤르만 칸과 레닌만으로 러시아를 다 알 수는 없다."[57] 그뿐인가, 러시아를 변화시킬 수는 더더욱

---

57) A. Amalrik, *L'Union soviétique survivra-t-elle en 1984?*, (1970), (Paris, Fayard, p. 13) 헤르만 칸은 냉전 중 핵무기 전략을 개발한 과학자로, 핵무기를 두고 소련과 미국의 역학관계와 무기 전략에 대해 분석했다. 따라서 그러한 헤르만 칸의

없다. 그래서 차라리 아말릭은 '미래 예측' 시나리오에서 1984년 체제 붕괴를 예견했고, 그의 예측은 5년 시차로 적중했다. 그리고 1972년 이후로는 동서 간 데탕트로 오히려 개혁에 대한 희망이 그 명분을 잃게 되었다. 결국 이후 사하로프의 투쟁은 인권 투쟁에 집중되었고 소련의 전체주의에 대한 급진적인 비판을 동반하게 되었다. 사하로프 자신도 1968년의 체제 비판 선언은 "자유주의와 인본주의, 과학지상주의 사상의 짜깁기였다."고 인정한다. 그러나 러시아가 포함된 서구 문명의 통합을 주창하면서 사하로프는 그 어느 때보다 강렬히 '국제 평화 전문가 위원회'[58]를 꿈꿨다.

그렇다면 구소련 연맹과 위성국가의 체제 붕괴에 결정적 일격을 가한 것은 과학이 아니라, 이전 체제의 강요로 공산주의의 '신성한 역사'를 우상화하는 데 일조했던 역사학자들과 작가들의 급진적인 체제 비판이었다고 말해야 할 것인가? (체르노빌 재난으로 지식인과 일반인들이 문제의식을 갖게 된 데 과학이 크게 기여했다고 보는 경우는 제외한다.) '헤르만 칸과 레닌의 절충'만으로는 체제를 구할 수 없음을 깨닫고, 곧이어 사하로프의 합리주의는 솔제니친의 환상주의(계시론, 신비주의)에 밀착하게 되면서 1970년대 말 이후 동서

분석과 레닌만으로 러시아를 다 이해할 수는 없다는 뜻. 옮긴이

58) A. Sakharov, "How I came to Dissent", *New York Review of Books*, (p. 12 1974), 파리에서는 *Sakharov parle*, (Editions du Seuil, 1974)라는 제목으로 번역되었다. 러시아 원서에는 "Scientocratiques"라는 제목으로 실려 있다.

양 진영의 가교 역할을 했던 **사회과학과 응용 연구**applied research에서 멀어지게 되었다. 공산주의 세계의 **인텔리겐치아**는 더 이상 미국식 방법론이라는 미사여구에 예속되기를 거부한 것이다. 고르바초프가 표방한 '개방'과 '투명성'에 힘입어 작가와 예술가뿐 아니라 '경성' 과학자들, 역사학자, 철학자, 언어학자, 이어 경제학자들까지 가세해 거대한 반체제 노선이 재결성되었다. 이들은 변하지 않는 체제를 반대하고 더 나아가 체제 존속까지 거부했다.

한편 국제 테크노크라시(국경을 초월한 기술 지배)의 한 형태는 어느 정도 정부의 용인하에 '지구적 변화' 라는 공통 연구 주제를 규정하고, 스파이 감시도 병행하며 시스템 분석 과학자들이 함께 협력하며 일할 수 있도록 하는 데 성공했다. 또 다른 한편 반체제 운동이 내부의 정치 구조를 조금씩 허물고 있는 동안, 바깥에서는 솔제니친을 필두로 한 작가들과 불가코프와 그로스만[59]과 같은 '실종 지식인'들의 증언을 통해 '가교' 전략의 한계와 성과를 보여 주었다. 미국식 모델을 따라 사회과학이 발전하면서, 그 지적 영향이 국경을 초월하는 교류의 통로를

---

59) 불가코프(Mikhail Bulgakov, 1891~1940)는 의사이자 작가였다. 반체제적인 성향의 작품으로 탄압받고 '국내 망명자'란 조롱을 들었다. 대표작 『악마와 마르가리타*Master i Margarita*(1966~1967)』는 그 독특한 사상과 수법으로 20세기 소련 문학의 걸작으로 꼽힌다.
그로스만(Vasily Grossman, 1904~1964)은 러시아 작가로 톨스토이의 『전쟁과 평화』에 영향을 받아 『삶과 운명*Life and Fate*』을 썼다. 옮긴이

만드는 데 기여했고, 새로운 사상과 기준을 전파해 동구권의 스탈린 사후 반체제 운동에 힘을 실어 주었다는 점은 반론의 여지가 없다.

평화가 유지되었기 때문에 이러한 의사소통 통로가 긍정적인 역할을 했다고 말할 수 있을 것이다. 그러나 알렉스 키난이 자신의 책에서 국제응용시스템분석연구소에 대한 연구에서 이렇게 강조했다.

"정책 결정의 공식적인 과정과 관련해서, 국제응용시스템분석연구소에서 근무했던 과학자 개인들 간에 상호 이해가 높아졌다고 해서, 이들이 본국으로 돌아간 뒤에도 이런 친분이 각 회원국의 정책 결정 프로세스에 체계적으로 반영된다는 증거는 거의 없다."[60]

단지 과학자들이 연구 분야별 특정한 문제에 대해 토론할 때 과학적 방법 자체가 연구자들을 밀착시켜 관계를 맺게 하고, 그 관계가 심화되어 연대 의식까지 갖게 되기는 하지만 이런 관계가 국제무대에서 정책 결정자들의 정치적 입장에 큰 압력이 되지는 않는다.

자연과학의 모델에서 현재 인류 사회가 직면한 갈등 상황을 해결할 수 있는 '실용적' 도구를 기대하는 것처럼 허황된 과학주의 환상은 없을 것이다. 각 사회의 대립을 초래하는 갈등일

---

60) A. Mcdonald, "Scientific Cooperation as a Bridge Across Cold war Divide", Cereñ o-Keynan, (p. 76)

경우는 더더욱 그렇다. 피에르 아스네[61]는 1950년대와 1960년대 유네스코가 이끌었던 사회 갈등에 관한 대규모 프로젝트를 가리키면서, "태초에 유네스코가 있었다."라고 유머러스하게 표현했다. 이 프로젝트는 "역사학자, 외교관, 군인들, 한마디로 정치·전쟁 전문가들을 각각의 전문 분야에 투입"하여, 게임 이론, 과학 조사 연구, 시스템 분석, 조직 과학, 정보 통신 등과 같은 최신 유행 학문에 기초한 '더 과학적인' 접근 방법을 만들어 활용하자는 것이었다. 이들의 희망은 "분쟁의 원인을 설명, 분쟁이 실제 어떤 대립 때문에 일어나는 것은 아니라는 점을 증명하며, 단번에 이 모든 분쟁을 해결할 수 있는 비책을 제시하는"[62] 일반 이론을 도출하는 것이었다. 달리 말해 군사 무기 체계 완성에서 그 효용 가치를 입증한 자연과학이 수학, 생물학과 연계된 사회과학 발전을 발판 삼아 평화를 위한 '결정적인' 무기도 성공적으로 창출할 수 있을 것으로 믿었던 것이다.

셸링[63]의 『갈등의 전략*The Strategy of Conflicts*』, 라포포트[64]의 『전

---

61) 피에르 아스네Pierre Hassner는 프랑스의 사회철학자다. 현재 파리정치학연구 소에서 국제 관계와 정치사를 연구·강의하고 있다. 옮긴이

62) P. Hassner, 『폭력과 평화: 인종 청소에 쓰인 원자폭탄*La violence et la paix:de la bombe atomique au nettoyage ethnique*』 (Paris, Editions Esprit, 1995, p. 83)

63) 셸링(Thomas Crombie Schelling, 1921~)은 '갈등과 협상에 관한 게임 이론'을 주창한 미국의 경제학자로 2005년 이스라엘의 오먼과 공동으로 노벨 경제학상을 받았다. 옮긴이

64) 라포포트(Anatol Rapoport, 1911~2007)는 러시아 출신의 미국 수학자이자 심리

투*Fights*』,『게임과 논쟁*Games and Debates*』, 보울딩[65]의『갈등과 방위*Conflict and Defense*』와 같은 명저들, 방정식과 집약적 기술로 전쟁과 평화의 법칙을 공식화하려 했던 이 모든 노력에도 일반 이론은 여전히 미완성이다. 이후로도 무수한 분쟁 연구 프로젝트가 진행되었지만, 이 중 그 어느 것도 투키디데스에서 클라우제비츠에 이르는 옛 성현들이 남긴 교훈을 벗어나지 못한다. 그 교훈은 역사는 의지를 시험하고 위기와 싸우는 무대라는 것이다. 이 무대에 우연과 운명은 항상 존재한다. 이 세상은 최악의 사태가 발생할 가능성이 늘 존재하며 확실한 것은 아무것도 없다. 따라서 합리적이며 예측 가능한 일련의 과정 안에서 평화나 전쟁의 진행 단계를 조종할 수 있는, 과학적 규칙을 갖춘 어떤 방법도 존재하지 않는다. 위기관리를 수치화한다고 해서 행위 주체들의 결정이 갖는 불확실성과 위험을 제거할 수 있는 것은 아니다. 실제 쿠바 위기를 보라. 카스트로가 후루시초프Khrouchtchev에게 플로리다에 핵 공격을 하자고 주장했고, 이 같은 위험을 불사한 케네디의 대응은 분명 과학적 방식의 산물은 아니다. 달리 말하면 국가 간 긴장 해소 문제에는 과학이 내세우

학자다. 수학적 원리를 이용한 심리학으로 게임 이론과 사회관계 분석을 연구했다. 옮긴이

65) 보울딩(Kenneth Ewart Boulding, 1910~1993)은 미국의 경제학자이자, 평화 운동가, 시인이며 철학자이면서 시스템 이론학자, 퀘이커 운동에도 헌신하는 등 다양한 활동을 펼친 지성인이다. 옮긴이

는 합리성이 더더욱 통하지 않는다는 말이다. 또 설령 이성의 공식으로 분쟁 과정을 얼추 도식화한다 해도, 평화를 유지하기 위한 방법은 결코 과학 공식으로 미리 짜 놓을 수 없다.

국가와 민족, 부족들 간의 다툼을 유발하는 상황에 대해 합리적 설명을 찾는 것은 소용없는 일이다. 톨스토이의 말대로 전쟁은 항상 반이성적인 사건인 것이다. 전쟁은 이성의 소리로 막을 수도, 멈출 수도 없는 과정을 거쳐 일어난다. 전쟁의 촉발과 그 결과는 네메시스[66]의 덫이다. 톨스토이가 역설했듯이 그 진행 과정이란 냉혹하며 어리석다.

"아무 원인이 없다면 아무 일도 일어나지 않을 것이다. 이 무수한 원인들의 결합이 전쟁의 화포에 불을 붙였다. 원인이 아닌 것이 없으며, 전쟁이란 사건은 단지 그렇게 될 수밖에 없었기 때문에 일어나는 것이다."[67]

---

66) 네메시스Nemesis는 그리스 신화에 나오는 복수의 여신이다. 옮긴이
67) Tolstoï, 『전쟁과 평화』 3권 1장에서. 톨스토이가 '이성에 반하는' 이 같은 일이 '인간 본성'에도 반하는 일이라고 말한 것은 사실이다. 그렇지만 이에 대한 근거는 아직 미약하다.

2장 과학 기술 엘리트

"독일에서 과학이 형편없이 대접받는 것을 보느니, 차라리 러시아에서라도 활짝 꽃피운 과학을 보고 싶다. 과학이 가장 발전할 나라가 내게는 가장 훌륭한 나라다. 왜냐하면 그 결실은 항상 모든 인류가 이용할 수 있기 때문이다."

— 라이프니츠

2장 과학 기술 엘리트

뉴욕 학회에서 알렉스 키난은 간략한 발표문을 통해 과학적 방식과 과학 체제의 고유한 특성을 적절히 지적했다. 우리는 이러한 특징들에서 과학의 객관성이 갖고 있는 일종의 초문화적인 현상을 볼 수 있다. 그 현상은 다른 모든 문화 표현들이 가치에 예속되어 있는 것과 달리, 과학의 객관성은 가치의 갈등에서 자유롭다는 것이다. 더 나아가 과학의 보편성은 과학계의 초국가적인 특수성을 규정한다. 즉 공통의 언어, 유사한 절차, 상응한 경험과 공통의 표준들로 과학 행위와 다른 모든 것을 구분하는 특징들이 되는 것이다. 따라서 모든 연구자들과 전 인류에게 확실히 과학 체제의 가장 완성된 모델로 여겨지는 기초 연구의 가장 이론적인 부분만을 본다면, 일부 과학자들 눈에 '국경 없는 정신적 지구촌'의 가장 완성된 모형이 바로 과학이라는 점은 일면 타당성이 있다.

연구자들이 단기적인 실용 고민에서 멀리 떨어져 진리의 정신을 표방하는 연구에 몰두할수록, 한 가족이라는 이들의 소속

감은 더욱더 커지게 된다. 반면 응용 연구로 진행될수록 이 가족을 하나로 엮는 끈은 느슨해지게 된다. 인간 정신의 지적인 도전으로 인식될 때 과학은 국제주의의 토대가 되며, 라이프니츠는 이에 대해 가장 명료한 말을 남겼다.

"독일에서 과학이 형편없이 대접받는 것을 보느니, 차라리 러시아에서라도 활짝 꽃피운 과학을 보고 싶다. 과학이 가장 발전할 나라가 내게는 가장 훌륭한 나라다. 왜냐하면 그 결실은 항상 모든 인류가 이용할 수 있기 때문이다."[1]

그러나 실제 역사는 이런 국제주의가 국가 간 감정, 편견, 갈등이라는 현실의 벽을 넘지 못한다는 것을 보여 준다. 그리고 과학 연구 기관의 변화와 실상을 보면 과학 체제의 양면성을 깨닫게 된다. 로버트 머튼[2]이 강조한 것처럼 모든 사회 체제가 이러한 양면성을 갖지만, 일부 과학자들(또는 과학 활동을 행하고 있다는 생각)에 의해 과학 체제는 **특수하게** 예외인 것처럼 비친다. 알렉스 키난이 언급한 것처럼, 우리는 머튼 덕분에 이러한 '과학의 규범 구조'를 분석할 수 있다. 즉 과학 규범은 연구자의 '에토스(윤리)' 기준이 되는 가치들로 보편주의, 공동체 정신,

---

1) Leibniz, 『골로프킨 백작에게 보내는 편지』(1712), 7장

2) 로버트 머튼(Robert Merton, 1910~2003)은 미국의 사회학자로 과학사회학의 패러다임을 완성한 석학이다. 국내에 소개된 역서는 『과학사회학』 I, II권 (민음사, 석현호 옮김)가 있고, 그 외에 『사회 이론과 사회 구조 Social Theory and social structure』(1949)가 있다. 옮긴이

사심 없는 공평주의, 조직적인 회의처럼 실제 실천해야 하는 가치들이다.

그런데 사회과학자 머튼은 과학자의 행위가 갖는 양면성을 환기시키면서, 처음으로 우리의 문명(많은 사람들)이 과학자를 '숭배'하는 이면에는 과학자들에 대한 인습적인 이미지가 있다고 지적했다. 그 이미지는 "창의력을 가진 면에서 인간 이상의, 마치 신과 같은 존재이지만 일반인들이 가질 법한 감정이나 태도, 사회적 관계를 박탈당한 점에서는 인간 이하의 존재로 그려진다. 그 결과 과학자들은 이상화, 때로는 우상화되어 결국 비인간화되었다."[3] 머튼은 계속해서 기초 연구의 방향이 외부 압력에 의해 좌우된다는 사실도 보여 주었다. 특히 17세기 과학혁명의 첫걸음부터 "과학자들이 관심 분야를 선택한 동기 중 어느 정도는 군사 기술의 필요성"[4] 때문이었다는 것이다.

---

3) R. Merton, "The Ambivalence of Scientists", *Bulletin of the John Hopkins Hospital*, CVII권, 2호(1963, p. 77~78)(*Science and Society*라는 제목으로 1965년 책으로 재출간되었다.) 국내 관련 자료는 『과학사회학』 I, II권, (민음사 1998)

4) R. Merton, Science, *Technology and Society in Seventeenth-Century England*, (Harper and Row, New York, 1938, p. 187), Jacob Schmookler, *Economics of Research and Development*, "Catastrophe and Utilitarianism in the Development of Basic Science", (Ohio State University Press, 1965, pp. 19~33) 경제학자 제이콥 쉬무클러는 이 책에서 이보다 더 멀리 나가 머튼이 모호하게 지적한 부분을 정리했다.

이데올로기와 현실 사이

진리의 가치보다는 실용적인 쓰임새에 기반하고, 산업계의 경제적 목적과 국가의 정치적 이해관계와 직결된 공공의 응용지식으로서 과학이 발전하면서, 과학은 경쟁과 전쟁의 도구가 된다. 그로 인해 인간 정신의 높은 경지를 엄정하게 추구하는 과학자 집단이라는 이미지는 희석되고 환상은 깨진다. 머튼은 수차례 다음과 같이 말했다. 과학자의 입장에서 과학 이데올로기는 "연구 활동에 대해 공리주의 잣대의 적용을 거부하는 것으로 축약되며, 과학 이데올로기는 연구를 지원하는 기관들이 지나치게 밀착된 통제를 가하는 위험을 피할 수 있게 한다. 이런 역할에 대해 암묵적으로 인식했기 때문에 케임브리지 과학자들을 두고 다음과 같이 반어적인 치하를 했는지도 모른다. '순수 수학을 위하여, 결코 어느 누구에게도 쓸모없는 순수 수학을 위하여!'[5]라고 말이다." 나는 나의 책 『과학과 정치』에서 19세기 말 무렵부터, 특히 제1차 세계대전 직후 국제 과학 관계 속에서 과학의 정치화가 역사 문제와 이념 갈등을 어떻게 촉발시켰는지 보여 주려 했다. 결론은 과학의 국제성이 결코 '국제 지식인 연맹'을 통합할 만한 충분한 매개체가 아니었다는 것이다. 특히 과학자들의 조국이 전쟁에 돌입하면 더더욱 그랬다.

---

5) R. Merton, *Social Theory and Social Structure*, The Free Press of Glencoe, (15장, 1957)

그러나 일부 과학자들이 과학에서 국제 분쟁을 탁월하게 중재할 수 있는 요소를 발견하게 된 것은 과학자들 사이의 의사소통, 과학적 방식의 객관성, 성공적인 협력이 이념적인 차원으로 확대되면서부터다. 국가 간 긴장 상태나 때로는 전시 상황에서조차 과학자들은 교류를 통해 화합을 이뤄 냈다. 이 사실은 기술 합의로 상대를 이해할 수 있을 뿐 아니라, 인류학자 누르 얄만[6]이 국가 간 불화와 전쟁의 주된 원인으로 본(아무 이유 없는 전쟁은 없다) '상대편의 악마화'를 차단할 수 있다는 실제적인 증거였다. 또한 과학자들만의 의사소통 수단인 공통 언어는 기술 논의에 그치는 게 아니라 한층 더 확대된 우정과 신뢰의 징표다. 따라서 특수한 전문 능력을 보유한 덕에 모든 이념에서 자유롭지만, 국제 문제와 관련해서는 자신의 역할에 스스로 이념적인 사명을 부여하는 과학자의 모습은 모순될 게 없다. 과학자들 가운데 일부는 과학 논증이 중립적이고 객관적이라는 전제가 정치적 결정의 합리성을 보장한다고 본다. 또 더 나아가 그런 전제하에 과학자들의 사회를 인간 사회의 가장 이상적인 모델로 가리킨다. 퍼그워시 회의 사무총장은 다음과 같이 쓰기도 했다.

"퍼그워시 회의는 과학과 기술의 성공적 사례를 통해 과학과 직접 연관이 없는 문제들에 대해 과학적 방식을 적용할 수 있음을 증명했다."[7]

---

6) 누르 얄만Nur Yalman은 터키계로 하버드 대학에서 사회문화인류학 교수로 재직했다. 특히 서아시아 지역 종교를 전문적으로 연구했다. 옮긴이

그러나 만약 제2차 세계대전 직후 핵물리학의 비약적인 발전을 앞세워 전문가로서 국제 문제에 개입한 과학자의 숫자가 많았다면, 위와 같은 말에 그리 놀라지는 않을 것이다. 또 자연과학계를 지금처럼 **별개**의 집단으로 여기는 경향도 덜할지 모른다. 그뿐 아니라 평화와 인류 보편주의, 민족 간 화해의 동력으로써 과학을 소개하는 인용문들이 넘쳐 나며 그 논평도 끊임없었을 것이다. 테크노크라시(기술 지배) 이론의 전문가 장 메이노[8]와 브리짓 슈로더Brigitte Schröder는 저서에서 1960년대 이후 이와 관련된 문제를 심도 있게 다룬 바 있다.[9] 왕이 될 수는 없어 왕의 조언자가 되길 꿈꿨던 철학자의 뒤를 이어, 과학자들은 히로시마 원폭 투하 이후 행정부 최고 권력의 측근 조언자로 등장했다. 또 일부는 민족 간 화해의 특사로 자처하면서, 심지어 미래의 세계 정부 개척자로 자임하기도 했다. 이 때문에 퍼그워시의 구성원이었던 뒤발Dubarle 신부는 과학자들이 공적 지위로 참여할 세계적 권력의 가능성을 염두에 두며, 아직 그럴 시기는 아니라고 한탄했다.

---

7) J. Rotblat, Pugwash: *A History of the Conferences on Science and World Affairs*, 체코슬로바키아 과학 아카데미, (1967)

8) 장 메이노Jean Meynaud는 프랑스 정치학자로, 정책 결정이 합리성과 효율성을 명분으로 점점 전문가의 정보와 분석에만 의존하는 경향을 비판했다. 대표적 저서는 1964년에 발표한 『테크노그라시*Technocracy*』가 있다. 옮긴이

9) J. Meynaud 와 B. Schröder, 『지식인과 국제 활동가의 삶*Les savants et la vie internationale*』(Etudes de science politique, Lausanne, 1962)

"과학은 인류 안에서부터 우러나와야 하는 인류 최초의 보편적 힘이다. 현재 이 힘은 이제 지구와 인류 전체를 아우르는 보편성을 획득한 것처럼 자처한다. 하지만 신학자들은 망설임 없이, 과학은 보편적인 인본주의 역할 면에서 아직 **공인**된 힘은 아닌 것 같다고 말할 것이다."10)

정말 아직은 아니다. 그렇다면 퍼그워시 회의는 비과학적인 성격의 문제들에 '과학적 접근법의 적용'을 실행한 것일까? 내가 이를 부인하기는 어렵다. 또 퍼그워시 회의에서 평화를 위해 과학자들이 수행했던 역할도 과소평가하지 않는다. 퍼그워시 회의 역사에서 이는 차후 조약 체결을 위해 사전에 여러 기술 문제와 다양한 제안들을 논의하고, 분쟁을 중재하는 좋은 선례들로 남아 있다. 또 퍼그워시 운동의 도화선이 된 러셀과 아인슈타인 선언문의 목표들을 성공적으로 구현하여, 동서 양 진영에 '전 세계 모든 정부 간 분쟁의 원인을 평화적으로 해결할 수단을 강구'할 것을 호소하기도 했다.

퍼그워시 회의는 매우 이른 시점부터 미국과 소련의 공식 채널을 통하지 않고 과학자들이 직접 접촉할 수 있도록 했다. 그 예로 케네디 대통령의 과학 기술 전담 특별 고문관이었던 제롬 위스너11)와 소련의 표트르 카피차, 비노그라도프Vinogradov,

---

10) D. Dubarle, 『문명과 원자La civilisation et l'atome』 (Editions du Cerf, 1962, p. 241)
11) 제롬 위스너(Jerome B. Wiesner, 1915~1994)는 아이젠하워와 케네디 대통령의 특별 과학 고문관으로 군축을 옹호하고 미사일 방어 체제를 비판한 과학자

탐Tam의 회동이 있었다. 1960년부터 시작된 이들 사이의 비공식적인 논의는 핵무기와 관련된 일련의 조약들 가운데 첫 번째인 고공 핵실험 금지 조약 체결을 낳았다. 퍼그워시 회의는 이미 전부터 핵무기 관련 분야에서 단계적으로 자연과학자들과 사회과학자들을 규합해, 정부 간 공식 협상 전에 '협상 범위를 분명히 제시'했다. 이와는 다르지만 프랑스의 퍼그워시 협상이라고 할 수 있는 또 다른 예로, 베트남과 미국 정부 사이에 1967년 시작된 '물밑 외교' 초기 단계에서 프랑스가 효과적이고 은밀한 '중매쟁이' 역할을 한 것을 들 수 있다. 린든 존슨의 지휘 아래 당시 하버드 교수였던 헨리 키신저Henry Kissinger가 함께 중재를 맡았다.[12]

마지막으로 든 예는 대체 어떤 면에서 '과학적 방법'이 적용될 수 있었는지 납득이 잘 가지 않을지도 모르겠다. 그러나 첫 번째 예인 퍼그워시 회의도 '과학과 간접적으로 연관된 문제', 즉 전적으로 정치적인 차원의 문제를 다루는 데 과학적인 방법이 더욱 많이 적용되었다고 보기는 어렵다. 그렇다면 언제라도 전쟁으로 돌입할 수 있는 상황에서 잠재적인 두 적이 고공 핵실

다. 옮긴이

12) 이와 관련해 다음 자료들을 참조할 것. R. Aubrac, 『뒤늦은 기억La mémoire attardée』(ed. Odile Jacob, Paris, 1996), R. S. McNamara, B. Van De Mark, *The Tragedy and Lessons of Vietnam*, (Times Books, Random House, New York, 1995), L. B. Johnson, 1963년부터 1969년까지, 『대통령으로서 나의 인생Ma vie de Président』, 1963~1969, (Buchet-Chastel, Paris, 1971)

험 금지 조약 체결에 합의한 이유는 무엇이었을까? 그것은 과학적인 이유 때문이 아니었다. 핵폭탄 실험, 특히 3메가톤 이상의 열화 우라늄탄 실험에서 엄청난 양의 낙진이 발생하는데, 이것이 체르노빌 사건처럼 방사선 구름 형태로 국경을 넘어 대륙에서 대륙으로 이동하기 때문이다. 물론 핵폭발의 내용과 낙진의 감시, 분석, 추적 수단을 보유하기 위해서는 기본적으로 전문 지식을 갖고 있는 핵물리학자와 핵화학자와 같은 전문가 집단이 필요했다. 그러나 고공 핵실험 중단에서 **핵심 문제**는 이 같은 기술적 요소들에 국한되지 않았다. 그것은 전혀 다른 영역의 문제였다.

소련에서 실행한 5메가톤 이상의 수소폭탄 실험은 소련 과학자들(특히 사하로프)을 놀라게 했다. 이 폭탄의 물리적 위력과 열의 세기, 방사능 낙진은 어마어마했다. 바로 이 사건으로 사하로프는 반체제 운동의 길로 들어서게 되었다. 사하로프는 핵폭탄 실험으로 대기 중에 방사된 1메가톤의 방사능 물질은 지구 전체를 통해 약 천여 명의 희생자를 낳고, 10메가톤의 방사능은 수만 명의 희생자를 낳는다고 계산했다.[13] 미국이 실험한 비키니 수소폭탄은 예측한 강도보다 두 배나 강력한 것으로 드러났고, 비의 형태로 내리는 방사능 재는 폭발 지역에서 190킬로미터 이상 떨어진 일본 어선 후쿠류 호에 내리기 시작해 승선했던

---

13) A. Sakharov, "How I came to dissident", p. 11

어부들이 귀항하기도 전에 병을 앓게 만들었다. (일부는 몇 달 후 사망했다.) 그 후에도 인도 여객기 윤활유, 일본에서 내린 비, 남반 구 무역풍, 미국 상공과 심지어 유럽의 상공에서까지 이 핵실험 으로 발생한 독성 물질이 속속 발견되었고, 그 부작용은 더 이상 부인할 수 없는 것으로 밝혀졌다. (미국 원자력에너지 위원회의 회장인 스트라우스 사령관이 즉각 성명문을 발표, 전문 과학자들의 의견을 증거로 핵실험으 로 전 세계에 야기된 공포는 과장되었다고 반박했으나 소용없었다.) 당시 양 강대 국 사이에 벌어진 핵실험 경쟁은 과학자들의 우려를 넘어 명백 하게 정치적인 반향을 일으킨 것이다.

초보 마법사

여기서 한 가지 의문을 제기하지 않을 수 없다. 그렇다면 중재와 협상의 물꼬를 트는 임무를 수행할 때, 과학자가 어느 정도로 **특별 하게** 다른 누구보다 적임자라고 볼 수 있는 것일까? 뉴욕 학회 이후 미래 학회에서도 이 주제를 두고 의견을 나누었는데 그 결과 는 알렉스 키난의 생각과는 확실히 달랐다. 미국의 낙관주의에 비해 구대륙의 유럽인들은 회의적이기 때문일까? 이와 관련해 두 가지 논점을 주지할 필요가 있다. 내가 보기에 이 두 가지 점은 퍼그워시 회의의 중재가 아무리 성공적이었다 해도 과학자들의 역할에 부여되는 중요성의 절대적 가치를 희석시킨다.

첫 번째로 대부분 퍼그워시 회의의 과학자들이나, 핵무기 사용 금지 및 확산 제한, 수량 감축을 위한 여타 기구들에 모인 과학자들이 다름 아닌 바로 그러한 무기 체계를 개발하는 데 기여한 과학자들이었다는 점이다. (놀랄 만한 일인가?) 우리는 여기서 프랑켄슈타인의 이야기를 본다. 영화가 아닌 메리 쉘리의 소설에서 자신의 창조자를 원망하는 괴물 이야기 말이다. 과학으로 창조된 산물들이 발명자에 대항해 일으킨 반란, 한마디로 인간의 그릇된 신념에 대한 이야기, 또는 인간 이성의 방종과 방종의 이성을 오가는 죄의식에 대한 이야기다.[14] 대인 지뢰 금지 조약을 둘러싼 상황은 근본적으로 생화학 무기와 핵무기에 관련된 전략적 입장을 적나라하게 드러낸다. 농사를 지을 수 없는데다 생명을 앗아 가는 불모지로 만들어 버린 땅에서 지뢰를 탐색하고 제거하는 데 큰 대가를 받고 동원되는 기업들은 지뢰를 개발해 개발도상국들에 유포하며 막대한 이익을 챙긴 바로 그 기업체들인 것이다.[15] 그래서 쥬느비에브 슈메데 Geneviève Schméder의 지적은 그냥 넘길 수 없다.

"아무리 평화를 지키려는 자신의 의지가 강해도 과학자는

---

14) 정신분석학자 M. Vacquin의 뛰어난 연구를 참고할 것.『프랑켄슈타인, 이성의 방종Frankenstein ou les délires de la raison』(Bourin, 1989, Julliard, 1994)

15) 대인 지뢰 사용을 금지하는 몬트리올 조약이 채택되기 전, P.-.M. Sarran이 쓴 DEA 기록을 참조할 것. '대인지뢰: 평화기 전쟁과 학살 사이에서Les mines antipersonnel:entre guerre et massacre en temps de paix', (Centre STS, CNAM, Paris 1996)

전쟁에 동원되면 이를 꺾게 된다."

두 번째로 핵실험 금지 조약의 이행 유무를 검증하는 문제들을 살펴보면, 최종 결정에 미치는 과학자의 영향력이 결정적이지 않으며, 또한 결코 결정적일 수도 없음을 알게 된다. 과학자는 기껏 해야 **정보를 제공**해 줄 뿐, **결정에 참여**하지는 않는다. 최악의 경우는 그 결정을 과학자들이 **왜곡**할 수 있다. 여기서 문제는 지진 신호와 지하 핵폭발의 신호를 구분하는 것이다. 뉴욕 학회에서 그레고리 반 데어 빈크[16)]가 했던 탁월한 지적처럼 "검증한다는 것은 진실, 혹은 정확한 정보를 입증하는 것이다. 그러나 여기서 검증은 결코 백 퍼센트 신뢰로 이뤄질 수 없다. 일단 검증 수위를 규정하는 것은 조약 위반으로 발생하는 비용과 조약 준수로 얻는 이익에 대한 비교와 판단을 토대로 정해진다. 그러한 판단을 내리기 위해서는 감시와 경보 체계의 기술적 지식과 감수할 위험에 대한 정치적 계산을 동시에 필요로 한다."[17)] 다시 말해 과학자들이 할 수 있는 최선은 분쟁 중인 다른 국가의 과학자 동료들과 함께 문제의 성격과 내용, 기술적 문제들에 대한 합의를 도출하여, 문제를 정확히 규명하는 것이

---

16) 그레고리 반 데어 빈크Gregory Van der Vink는 미국의 지구 물리학자로 워싱턴의 지진학연합연구기관(IRIS)의 연구 기획 책임자였다. 또한 핵무기 군비 통제와 조약 이행 검증에 관해 빌 클린턴 대통령의 자문이었다. 옮긴이

17) G. E. Van der Vink, "The Role of Seismologists in Debates over the Comprehensive Test Ban Treaty" in A. L. de Cerreño와 A. Keynan

다. 그러나 최종 결정은 과학적 방식이 아니라, 군 수뇌부와 정치인의 상상과 공포와 환상으로 이루어진, 위반 가능성의 시나리오에 달려 있다.

이번 미래 학회에서 가장 활발한 토론이 이뤄지던 순간 중 하나는 몇몇 참가자들이 과학자 집단을 단일한 성격의 집단으로 볼 수 없다고 말했을 때였다. 실제 (대부분의) 과학자들은 사회적 책임 의식에 대해 별 의식이 없다. 반면에 소수지만 자신들의 연구 결과가 어떻게 사용되는지 궁금해 하고, 또 그로 인해 야기될 수 있는 결과에 대해 책임을 느끼는 과학자들도 있다. 따라서 일반화를 경계해야 하고, '과학계'를 하나의 동일한 집단이자 완전히 국적을 초월해 구성원들이 상호 지적인 관계와 공통의 표준으로 결속된 공동체처럼 묘사하는 것은 사실과 다를 뿐 아니라 과장되어 있다. 현실적으로 과학자들의 공식적이고 이상적인 관계가 어떠하든, '과학계'의 구성원들은 통일된 의견과 하나의 목소리를 낸다고 말하기에는 너무나 다양한 활동, 직업, 전문 분야, 지위, 연구 기관, 국적을 갖고 있다. '지식인 공화국'은 하나도 아니고 분리할 수 없는 일체도 아니며, 다른 직업군보다 더 공고한 유대를 자랑하는 한 가족도 아닌 것이다. 게다가 국가 방위에 개입하는 동시에 평화 운동가이기도 한 과학자의 모습은 일부 사람들 눈에는 정신 분열에 가까운 '모순'처럼 비치기도 한다. 군인이라 불리는 사람들 편에 서 있으면서 동시에 '희생자'의 입장에 있기도 하다고 고백하는 프리먼 다이슨의 경우처럼 말이다.[18] 말하자면 **이중 구속**이다. 그렇지만 자신이 아무리 평화주의자라 해도 한 국가의 국민인 이상 조국 수호의 부름을 받는다면, 자기 원칙만 고집할 수 있겠는가? 이 같은 모순은 인간의 모든 행동이 갖는 태생적 모순이 아니겠는가?

그래서 쥬느비에브 슈메데가 과학자 양성 교육에 관해 펼친 주장은 매우 설득력이 있다. 슈메데에 따르면 '프로페셔널리즘'에 입각한 과학자 교육은 특히 과학자의 직업윤리상 사회 문제에 관해 개입할 역량과 권리를 일체 무시한 채, 가치와 사실을 지나치게 엄격히 분리하려 한다. 사실 과학 관련 직업(또 더욱 극심해지는 직위와 취업 경쟁)의 전문 직종화와 전문화가 강화되면서, 스노우C. P. Snow가 경고한 '두 문화' 사이의 간극이 더욱더 심하게 벌어지고 있다. 즉 많은 인문과학도들이 자연과학의 내용과 그 역할을 이해할 만한 수준이 안 되는 것처럼, 자연과학도들 대부분도 인문학 교육의 지적·사회적 목적을 이해할 여력을 갖추지 못하고 있는 것이다. 그래서 로베르트 무질[19]은 자신의 유명한 소설에서 질 낮은 인간이란 재능만 가진 인간(여기서 '질'과 '재능'이 모두 'quality'라는 같은 단어로 표현되어 있다. 옮긴이)이라며 과학의 세계와

---

18) F. Dyson, *Weapons and Hope*, (Harper and Row, New York, 1984). 이 주제에 관해서는 나의 저서『과학, 전쟁과 평화*Science, guerre et paix*』중 '공포와 양심Terreur et Scrupule' 장을 참조할 것. (Economica, Paris, 1984)

19) 로베르트 무질(Robert Musil, 1880~1942)은 오스트리아 출신의 소설가.『특징 없는 인간*Der Mann ohne Eigenschaften*』이라는 3부작 소설로 카프카에 버금가는 독일 비판 문학의 거장으로 꼽힌다. 옮긴이

실제 삶 사이의 이분화를 묘사한다.

서로 중첩되고 대립하는 자연과 인문, 이 두 문화의 이면에는 가치와 언어뿐 아니라 사회적 역할과 지위에 따라 분리되는 두 집단이 있다. 교육과 지식, 전문 실습을 구획 나누듯 분리하게 되면 정치적 결정에 필요한 비기술적인 모든 요소들을 다루는 데 필수적인 다각적 접근이 어려워진다. 이 방면의 권위자이자 결정권자인 맥 조지 번디[20]는 다음과 같이 말했다.

"핵무기 문제와 국제 정세의 연관성 문제를 해결하려면, 물리학의 핵은 과학의 문제, 핵무기는 군사적 문제, 조약은 정치적 문제라는 식으로 나눠서는 해결될 수 없다. 이 모두를 함께 다루어야만 한다. 사실 어느 정도 군사적이거나 기술적, 또는 외교적인 측면이 더 강한 요소들이 있기는 하다. 그러나 판단과 행위를 하는 실제 과정에서는 어느 하나를 다른 요소들과 분리할 수 없다. 그렇기 때문에 과학자들의 정치적 중립성을 말하는 것 자체가 어불성설이라고 생각한다."[21]

결국 판단과 행위 과정이란 과학적 과정 내에서 이뤄지는 증명 과정이 아니라, '인간 존재 사이의 의사소통 과정'인 것이

---

20) 맥 조지 번디(McGeorge Bundy, 1919~1996)는 미국 관료이자 정치학자다. 케네디 대통령 보좌관으로 쿠바 위기와 베트남전쟁 당시 영향력을 행사했다. 옮긴이

21) 맥 조지 번디가 1962년 12월 22일 미국의 과학 발전협회에 보낸 청원서였는데, 1963년 3월, 『Science』 139호에 'The Scientist and National Policy'의 제목으로 실렸다. 포드 재단 회장이었던 그는 미 대통령의 국가안보 특별비서이기도 했다.

다. 핵무기의 전략적 문제를 넘어, 정책 결정에 고려되는 기술적 요소들이 사회, 경제, 문화, 정치적 요소들과 절대 분리될 수 없는 분야, 즉 환경, 보건, 운송 또는 도시 관리와 같은 모든 분야들과 관련되며 영향을 미치는 과정인 것이다.

과학자의 특수성

자, 지금까지 과학자들의 수는 많은데 비해, 그중 일부만이 정치 활동에 개입하는 현실이 어떤 한계를 갖는지 짚어 보았다. 이는 분명히 기술적 차원의 문제가 갖고 있는 특수성 때문으로, 과학 기술 문제는 오직 과학자만이 다룰 수 있다는 점에서 비롯된다. 예를 들어 핵폭발 에너지의 양과 방사선의 효과를 측정하는 데 물리학자를 대신할 수 있는 사람은 없다. 또는 그 누구도 생물학자를 대신해 에볼라 바이러스와 유사한 말버그 바이러스나 천연두 바이러스 같은 세균이 광범위하게 살포되었을 때의 결과를 파악하고 예측할 수 없다. 또 하나의 문제는 기술적인 관점을 제시하는 데 그치지 않고 정치적 결정과 선택 영역에 뛰어드는 과학자들은 소수에 불과하다는 점이다. 대다수 과학자들은 무기 경쟁에서 과학 연구가 결정적인 역할을 한다는 것에 문제의식을 갖지 않으며, 오히려 대부분 그 속에서 직장을 얻거나 능력 발휘를 통해 실익을 얻는다.

이 분야 최고 전문가 중 한 사람인 허버트 요크Herbert York[22]의 말처럼 "무기 경쟁은 격한 감정 대응을 유발하는 어떤 정치적 도발이 아니다. 그보다는 많은 비용이 들고, 더 복잡하며 더욱 완전히 자동화된 시스템 형태로, 치밀하게 계산된 냉정한 대응이다."[23] 실제로 냉전의 과다한 군비 경쟁을 과학 기술 전문가조차 통제할 수 없는 '기술 독립'의 과정으로 이끈 것은 정확히 말하면 언제나 더 '첨단화'된 신무기를 개발하고자 하는 욕망 때문이 아니던가? 또 허버트 요크는 자신이 펜타곤 무기 연구 책임자로서 직무 초기부터 갖고 있던 '철학'은 오직 수단과 방법을 가리지 않는 기술 혁신을 추구하는 데 있었다고 말했다. 요크는 "그래서 끊임없이 기술의 한계를 극복하려는 노력이 이어졌다. 우리 과학자들은 정부나 군대의 고위 관료층이 원하는 것을 입 밖에 내기도 전에, 스스로 알아서 그 원하는 바를 만들어 주었다. 심지어는 처음부터 핵무기 장치 제조를 결정했고, (…) 당시 연구 수준의 한계를 뛰어넘는 수준까지 끌어올렸다."고 회고했다. 한번은 요크가 아이젠하워 대통령에게 20메가톤에 육박하는 강력한 핵폭탄을 만들자고 제안했다. 이에 대해

---

22) 허버트 요크Herbert York는 핵물리학자로 리버모어 연구소 초대 소장 및 정부 방위연구소 국장을 역임한 무기 전문가이기도 하다. 캘리포니아 대학 교수이자, 현재 국제분쟁 및 협력연구소Institute on global conflict & cooperation를 이끌고 있는 군축 옹호론자이기도 하다. 옮긴이

23) H. York, *Scientific American*, 221권 2호, "Military Technology and National Security" (1969)

아이젠하워가 즉각 '광란'이라고 일침을 놓으며 결연히 기술 독립 과정에 제동을 가하자 매우 놀랍게 받아들이기도 했다. 동서 진영이 벌인 군비 확대에 관한 협상에서 우리가 얻은 교훈 은 끝없는 군사력 경쟁이 지속적인 국가 안보를 약화시킨다는 딜레마에는 기술적인 해결책이 없다는 점이다. 처음 이를 제기 한 사람들 중 하나인 허버트 요크는 "우리가 과학, 기술과 관련 해 기술적 해결책만을 찾길 고집한다면 상황은 계속해서, 걷잡 을 수 없을 정도로 악화될 것이다."[24]라고 말했다.

그렇다면 결론은 분명하다. 분쟁 완화나 해결을 위해 국제무 대에 나서는 소수 과학자들이 이 분야에서 역량의 한계를 느끼 지 않을 수 없다는 결론이 나온다. 왜냐하면 그들이 각자의 기술 분야에서 갖고 있는 전문성이 무엇이든 간에, 문제는 본질적으 로 **항상** 정치적이므로 이에 대해 **기술적** 해결책을 찾을 수는 없 기 때문이다. 즉 과학자의 영역인 연구와 실험 영역에서는 확실 히 성공이 보장된다고 해도, 그런 합리적 방식을 일부 도입하려 시도하는 분야는 **결코** 과학의 영역이 아닌 것이다.

과학자들의 이런 엄정성이 빠질 수 있는 (때로는 이에 굴복해 버릴 수 있는) 함정을 가장 잘 보여 주는 분야는 비밀리에 진행된 지하 폭발의 검증 문제다. 사실 핵실험 때문이 아닌 지진의 진동이라 고, 따라서 조약을 위반하지 않았다고 말하는 과학자를 당신은

---

24) H. York, *Making Weapons, Talking Peace*. 허버트 요크는 바로 앞에서 인용한 *Scientific American*에서도 이 주제에 관해 다루고 있다.

어떻게 믿을 것인가? 같은 논리로 군수산업계의 **로비**에 설득당한 미국 의회는 지하 핵폭발이었다고 거짓 증언한 친親펜타곤 과학자들만을 신뢰했다. 반 데어 빈크는 당시 정치적으로 정당하다는 이유로, 또는 단순히 돈을 위한 선택으로 조약 위반이라고 거짓 증언을 한 이 과학자들에 대해 적지 않은 미국 지진학자들이 어떻게 대항했는지 보여 준다. 이들은 지진학자 집단 내부뿐 아니라 본국에서 자신들의 경력과 연구 지원비, 권위가 입게 될 타격을 무릅쓰고 싸웠다. 이러한 관점에서 이들이 '매파'의 정치적 압력에 굴복치 않고 저항한 것은 과학의 엄정성과 용기를 확연히 과시한 것이다.

달리 말해 우리는 여기서 사안의 성격이나 영향이 기술과 전혀 상관없는, 즉 과학적 요소들로 해석할 수 없는 대의를 위해 싸우는 소수 과학자들의 태도의 특징인 '**항거**'(때로는 반체제의 길로 들어선다)를 주지할 필요가 있다. 사실 핵폭발과 지진을 구분하는 검증 행위는 온전히 과학에만 국한된 문제가 **아니다**. 왜냐하면 사실 반 데어 빈크가 썼듯이 "혹 발각되지 않고 조약을 위반할 모든 경우의 비용과 대비해 봐도 조약 체결의 이점이 더 많다고 판단될 때만, 관련 조약을 검증할 수 있는 체계로 인정해 주는 것" 자체가 불확실한 상황에서 신뢰, 아니 신념을 행동으로 보여 주는 것이 아닌가? 즉 과학적 방법과 결과물을 통해 오히려 과학 자체도 해결책을 제시할 수 없는 문제라는 것이 드러난 불확실한 상황에서 말이다. 결국 여기서 **감수할 수 있는 위험**은

정치적인 계산으로 수용된 위험인 것이다.

과학자들의 연구 활동이 엄정성을 요구한다고 해서 과학자 집단의 연대 의식이 그 방식과 이해관계 면에서 국제 관계에 영향을 미치는 다른 직업군보다 더 공고한 것은 아니다. 더욱이 평화 운동가로서 좀 더 특별하거나 우선적인 소명을 갖게 되는 것은 더욱 아니다. 국제무역의 역사를 보면 금융계에도 과학자 못지않은, 아니 오히려 더 끈끈한 유대 관계를 기반으로 한 카르텔과 트러스트가 있었음을 알 수 있다. 제2차 세계대전 당시 일부 독일 기업들이 폭격 대상에서 제외된 사실이나 은행가들이 전쟁 중인 적국의 은행가들과 지속적으로 관계를 유지했던 사실을 상기해 보라. 게다가 이러한 '공동체'들이 국제 정세에 미치는 영향은 무시할 수 없을 정도로 크다.[25] 몽테스키외를 비롯한 18세기의 여타 자유사상가들을 다시 읽고 알베르트 허쉬만[26]은 다음과 같은 탁월한 분석을 내린 바 있는데, 허쉬만은 이윤 추구의 패러다임이 '소프트 커머스(몽테스키외의 개념, '부드러운 상거래'를 뜻한다. 적대국들 사이에서도 상업적 이윤을 위하여 서로 교류를 하다 보면 평화로 갈 수도 있다는 뜻을 담고 있다. 옮긴이)'를 통해 전쟁을 야기하는

---

25) A. W. Frutkin의 *International Co-operation in Space,* (Prentice Hall, New Jersey, 1965)를 참조할 것.

26) 알베르트 허쉬만(Albert Otto Hirschman, 1915~)은 독일 출신의 정치경제학자로, 제2차 세계대전 당시 나치의 탄압 대상이던 유럽 지식인들과 예술인들을 도왔다. 옮긴이

욕망을 길들이는 방법을 찾아냈다고 주장했다. 즉 제왕들의 명예욕이 지배하던 시대의 무질서에서 점차 이윤 중심 세계의 장점인 예측 가능성과 지속성으로 대체된다는 것이다.[27]

그렇다고 해서 이윤이 전쟁도 막는다는 의미는 아니다. 특히 군수산업체의 경우라면 더욱 아니다! 케인즈가 자본주의의 필요성을 옹호할 때, 허쉬만은 늘 그렇듯 우회적이고 온건하게 이의를 제기했다. 허쉬만은 "돈을 벌고, 큰 부를 축적할 수 있다는 가능성 때문에 일부 사람들은 위험한 본성으로 이끌릴 수 있다."고 지적했다. 이에 대해 케인즈는 다음과 같이 말했다.

"어쨌든 인간은 자신의 독재 심리를 같은 사회 구성원보다는 은행 계좌를 대상으로 해소하는 게 더 낫다. 물론 이런 독재 행위가 대개 같은 사회 구성원을 지배하기 위한 또 다른 수단이 되는 경우가 많아도, 적어도 일부는 같은 인간에 대한 독재를 대신한다."[28]

권력을 지향하거나 권력과 밀접하게 연관된 이윤 추구도 **역시** 인간의 본성이고, 상인이나 기업체에 비해 과학자가 이런 성향이 덜하다고 보지는 않는다. 아이비엠IBM 회장 토마스 왓슨과 나치 정권의 야합의 역사를 보라. 전쟁 준비 단계, 아니 심지

---

27) A. O. Hirschman, 『욕망과 이윤*Les passions et les intérêts:Justifications politiques du capitalisme avant son apogée*』 (PUF, Paris, 1980)

28) J. M. Keynes, 『고용, 이자 및 화폐의 일반 이론*The General Theory of Employment, Interest, and Money*』

어 전쟁 중에도 독일은 미국에서 만든 대형 원시 컴퓨터를 이용할 수 있었다. 나치는 군사물자 보급뿐 아니라 인종주의 기반의 위생학 정책, 유대인 추방과 말살, 장애인과 반사회적 인물의 축출을 위한 인구 조사 작업에 이 컴퓨터를 사용했다. 미국 대형 컴퓨터의 전신 '홀러리스' 덕분에 발전된 정보 처리 산업이 독일 나치에게 통계 정보와 기술적 토대를 마련해 준 것이나 독일 나치와 군부의 사무실, 공장, 철도 본부, 게토와 경제 캠프에 기여한 일은 용서할 수 있는 일이 아니었다. 왓슨은 분명 과학자가 아니었다. 단지 무엇보다 자신의 다국적기업체의 재정과 국제화에 집착한 머리 좋은 장사꾼일 뿐이었다. 왓슨은 '소프트커머스'가 전쟁과 파괴의 기계를 돌리려는 히틀러에게 '손에 쥔 열쇠'처럼 수단을 제공한다는 사실에는 그저 무관심했다.[29]

베를린 장벽 붕괴와 함께 새로운 형태의 분쟁이 세계를 위협하면서, 국제 문제에서 과학자의 영향력은 점점 약화되고 있다. 반면 기업체와 금융 자본가, 경영인들의 입지는 더욱 확대되고 있다.

정당한 전쟁에서 결백한 전쟁으로

그러나 국제 관계에서 과학자들이 자신들의 역할을 수행할 수

---

29) E. Black, *IBM et L'holocauste*, (Robert Laffont, Paris, 2001)

있는 분야는 두말할 나위 없이 과학자 고유의 영역, 신무기 개념을 좌우하는 전문적 기술 지식 영역이다. 그럼 과학자의 역할은 전쟁보다는 평화를 위한 것인가? 바로 이러한 양면성에서 '이중 충성'의 화두가 대두된다. 내 생각엔 초보 마법사 같은 미성숙한 과학자들이 (갑작스러운 계기로, 아니면 많은 경우 뒤늦게라도) 자신들이 표방했던 그 공동체 안에 '타나토크라시(죽음 지배)³⁰⁾가 도사리고 있음을 인식할 때, 양심의 경종을 울리는 것 외에 다른 길이 없는 것 같다. 알렉스 키난은 과학자의 이중 충성 개념(과학자의 조국과 국적, 애국심에 대한 복속과 동시에 진리와 국제 과학, 보편적인 휴머니티에 대한 충성)을 설명하면서, 이것이 응용 연구보다는 기초 연구에서 더욱 명확하고 자연스럽게 조정된다는 점을 강조했다. 키난의 말에 따르면 응용 연구는 정부나 기업이 연구 결과의 공개와 유포를 통제하고, 그 내용도 정치적 목적에 구속되지만, 기초 연구는 국경을 초월하고 연구 활동이나 내용에 정부가 개입하면 비생산적일 뿐이기 때문이다.

기초 연구 활동에서 이뤄지는 협력이 응용 연구 활동을 위한 협력과 매우 다르다는 점은 이론의 여지가 없다. 기초 연구의 발전은 재차 반복하지만 서로 다른 국가에 속한 연구자들 사이의 교류와 사상의 자유로운 이동에 달려 있다. 그러므로 기초 연구에서 과학은 자연스럽게 국제적이다. 그러나 시장 경쟁 원

---

30) 타나토크라시Thanatocracy는 살생 능력을 지닌 공포로 군림하는 권력을 의미한다. 옮긴이

리에 의해 규정되는 응용 연구는 상업적 기술 혁신을 지키기 위한 기밀을 전제로 한다. 그런데 기초 연구의 특수성에 따른 이런 구분은 지난 제2차 세계대전 말 이후로 연구 체계 방식이 변화한 현실에서는 적용되기 어렵다. 냉전이 야기한 무기 경쟁의 결과에서도 마찬가지다. 따라서 이렇게 변화된 체계 안에서 기술과 분리된 기초 연구는 점점 줄어들고 있다. 더 정확히 말하면 기초 연구를 응용 연구와 기술에서 분리하기가 점점 어려워지고 있다. 게다가 기초 연구를 특별히 우선시하는 정책 방향도 과학 정책의 예산 변동에 따라 변한다. 이처럼 본질적으로 순수하고 사심 없이, 진리 그 자체의 추구와 인류의 복지에 헌신하는 것으로 인식된 기초 연구를 바라보는 시각은 확실히 이데올로기를 갖고 있다.[31]

알렉스 키난은 조국에 대한 충성은 쉽게 정의 내릴 수 있지만, 과학에 대한 충성은 더 복잡한 개념이라고 말한다. 그러면서 퍼그워시 회의에서 활동했던 생화학 무기 전문가 페리 로빈슨 Perry Robinson의 글을 인용한다. 이 개념은 "과학자의 세계를 벗어나 묘사하거나 이해하기가 쉽지 않은 추상적 개념이다. 어떤 과학자들에게는 이런 개념이 아예 없지만, 또 다른 과학자들에게는 열렬한 신념이자 절대적 개념이다. 어쩌면 새로운 지식이

---

31) 이 점과 관련해서는 내 책 *Survivre à la science: Une Certaine idée du futur*, (Albin Michel, Paris, 1999) 1장이나, *Revue internationale des sciences sociales*, 168호 (2001년 6월)를 참조하면 된다.

왜곡, 악용, 상실, 손상되지 않도록 보호하려는 욕구일 수 있다. 또 과학은 공익을 위해 봉사하는 것이라는 신념일지도 모른다." 그리고 이어서 "인류를 위해 봉사하는 과학이라는 신념과 새로운 대량 살상 무기 개발을 위해 이용되는 과학처럼 극적인 대립을 이루는 것이 또 있을까? 그렇지만 또 원자핵의 군사적 잠재성을 배제하는 것처럼 자기 조국에 대한 배반이 또 있을까?"라고 덧붙인다. 사실 과학 자체에 대한 충성이 절대 우선시되는 경우가 아니면, 대체로 국가에 대한 충성이 더 중시되는 것을 본다. 클라우스 푸쉬[32]처럼 인류의 공익을 명분으로 소련에 핵무기 기밀을 넘긴 과학자들에 대해 배신자라는 비난(국가에 대한 불충)이 늘 따라다니는 것을 생각해 보라. 이들은 평화를 위해서는 두 강대국이 핵폭탄을 나눠 가져야 하기 때문에 그런 행동을 했다고 주장했지만 소용없었다. 이들은 당시에나 지금이나 여전히 인류의 은인이라기보다는 스파이로 취급되고 있다.

사실상 국적이 다른 과학자들 사이의 지적 결탁이 국가에 대한 충성을 넘어서 국제사회에 대한 충성으로 가게 되는 일은 **결코 없다.** 예외적이고 비타협적인 평화주의의 경우에는 어느 정도 가능성이 있겠지만. 이런 관점에서 특히 국방 연구에 관여

---

32) 클라우스 푸쉬(Emil Julius Klaus Fuchs, 1911~1988)는 독일 태생의 이론물리학자로 로스 알라모스 연구소에서 초기 수소폭탄과 핵분열 무기류들의 이론 계산을 책임지던 뛰어난 과학자였다. 제2차 세계대전 후 영미의 수소폭탄 계획 정보를 소련에 넘겼다. 옮긴이

했던 시드니 드렐[33]의 증언은 매우 실용주의적일 뿐 아니라, 과학의 실행은 도덕과는 아무 연관이 없다는 발언으로 이런 사실을 더 분명히 드러낸다. 그렇다면 어떤 명분으로 과학이 과학 자체가 아닌 **다른 목적을 위해 봉사해야** 한다는 것인가?

"우리는 과학자로서 양성된 전문가이며, 물리 자연의 법칙과 자연의 구성 원자와 같이 그 내용이 가치중립적인 분야에서 일한다. 그러나 인간으로서 우리는 도덕적 선택을 해야 하며 정치적 과정, 정부, 군대 같은 악마와 어떻게 손을 잡게 되는지 알아야 한다."[34]

한마디로 악마는 과학이 아니라 사회 속에 숨어 있는 것이다.

훨씬 강력한 군사력을 지닌 어떤 국가에게 위협을 받고 있는 상황에서 그 능력에 합당하게 조국 수호에 동참하라는 강요를 받지 않는다 해도, **평화주의자도 아닌** 과학자가 조국 방위를 위한 봉사를 거부한다면 이는 비애국적인 행위일 것이다. 그렇지만 사실 평화주의자가 아닌데도 군사 연구 참여를 거부하는 과학자들이 있다. 이는 그 참여가 단순히 연구 참여에서 끝나지 않고, 개발된 무기의 사용 목적에 대해 동의한다는 뜻이 되기 때문

---

33) 시드니 드렐Sydney Drell은 스탠퍼드 대학의 물리학과 명예교수이자 군축 전문가다. 레이건 행정부 시절 별들의 전쟁이라 불리는 'SDI' 계획에 대해 반대하며, 미소 간 체결 협정을 준수하라고 주장했다. 부시 행정부가 추진하는 저위력 소형 핵무기 개발에도 우려를 표명했다. 옮긴이

34) S. D. Drell, *Facing the Threat of Nuclear Weapons*, (University of Washington Press, Seattle, 1983)

이다. 제1차 세계대전 당시 노벨 화학상 수상자인 프리츠 하버 Fritz Haber가 과학자의 도의를 저버린 상징이 된 것은 프리츠 하버가 독일 전력에 기여했기 때문이 아니라, 전투에 독가스 사용을 제안했고 이를 도입했기 때문이다. 최초의 원자폭탄 개발에 참여할 것을 제안 받은 과학자들 중 유일하게 볼니 윌슨Volney Wilson만이 다음처럼 말하며 이를 거부했다. "이 일은 너무나 파괴적일 것이다. 그런 일에는 전혀 관여하고 싶지 않다." 그러나 진주만 공격이 있은 직후 미국의 개입 직전 윌슨은 "돌아올 수 없는 강을 건넜다."고 단언하면서 참여하게 되었다.[35]

기존의 무기보다 더 치명적이고 '추악한' 무기의 정당성에 대한 문제 제기는 '결백한' 무기가 무엇인가 하는, 표면적으로 신학적인 성격의 논쟁을 수반한다. 따라서 이 논쟁은 '정당한 전쟁'에 관한 오랜 논쟁의 연장선에 있다. 아무리 참혹한 피해가 따르더라도 명분이 있어 정당하다고 인정받거나, 그래도 다른 전쟁보다는 더 정당한 전쟁이 있듯이, 아무리 효과적이어도, 명확히는 오히려 그렇기 때문에, 더더욱 추악한 무기도 있다. 이렇듯 그 파괴 수위가 어느 지점인가의 문제는 복잡한 메커니즘을 가진 무기의 힘을 빌리는 순간부터 결정적인 도덕적 반론을 야기한다. 즉 어느 정도의 파괴 수준과 파괴력에서부터 비도덕적인 무기로 봐야 하는가, 하는 문제 때문이다. 백병전이나

---

35) 이 일화는 A. Compton, *Atomic Quest: A Personal Narrative,* (Oxford University Press, New York, 1956)에 소개되어 있다.

단순한 메커니즘인 활 같은 무기를 들고 일대일로 싸우는 전쟁은 '정정당당'한 전투로 여겨진다. 후이징가[36]는 성스럽기까지 한 이런 전투의 문화적인 토대를 잘 설명했다.

"전투가 명예와 덕을 건 엄숙한 유희로 여겨지면서 기사, 즉 전투 귀족의 개념이 생겨났다."[37]

봉건 시대의 중국처럼 서구에서도 적을 파괴하는 것은 승리의 상징이기도 하지만, 그보다는 전쟁을 발판으로 제왕의 명예를 드높이는 일이었다고 강조한다.

유희의 대상으로 전락한 전쟁

전쟁을 하나의 고상한 유희로 본 개념은 그 비인간성에도 근대 전쟁까지 지속될 수 있었다. 그러나 전쟁에 복잡한 메커니즘의 화기火器가 도입되면서 기사도 시대가 막을 내리고, 동시에 그 무기의 파괴력이 어디서부터 비도덕적인가, 좀 더 원색적으로 말하면 어디서부터 비열한 무기가 되는가에 관한 **수위**의 문제

---

36) 후이징가(Johan Huizinga, 1872~1945)는 네덜란드 역사학자로 근대문화사의 초안을 마련했다. 중세 역사를 미학적 관점으로 분석한 『중세의 가을』을 썼고, 『호모 루덴스』에서는 인간 문화의 바탕에 놀이의 원리가 깔려 있다고 설명했다. 옮긴이

37) J. Huizinga, *Homo ludens: Essais sur la fonction sociale du jeu*, (Gallimard, Les Essais, 1951)

가 제기되었다. 이미 중세 최초의 쇠뇌[38]를 두고 교황 이노센트 2세는 '신의 증오를 사며, 기독교인에게 합당치 않은' 무기라고 선언했고, 그 사용을 금지했다. 그러나 이 선언은 무슬림과 싸우기 위해 그 사용을 정당화하고자 즉각 수정되었고, 얼마 안 가이 신무기는 기독교인 간의 전투에까지 합법화되었다. 복잡하게 작동되는 무기는 후이징가가 말한 비장미 있는 전쟁에 종지부를 고했고, 산업 생산과 대량 살상 전쟁 시대로 들어서면서 인권을 더 가혹하게 말살하는 데 일조했다.

영국 왕립 공군 창립자인 휴 트렌챠드Hugh Trenchard가 1928년 공중 폭격으로 가능해진 '대량 파괴' 전략을 일반화하자고 제안했을 때, 영국군 참모총장은 즉각 '아무 제재 없이 적의 민간인까지 겨냥하는 전쟁을 권하는 전략'[39]이라며 그 '윤리적 문제점'을 제기했다. 후이징가는 무기를 문명의 토대가 된 '유희'의 정확한 표상으로 여겼지만, 현대전에서 과학 연구 발전과 직결된 무기는 모든 유희적 요소를 배제한다. 후이징가는 우리가 "본질적으로 특정 집단(민족, 정당, 계급, 교회나 국가)의 이익과 힘만을 정치 행위의 절대적 기준으로 삼게 되면, 유희성의 순수한 전통

---

38) 활의 일종이지만 활보다 더 멀리 쏠 수 있는 살상력이 강한 무기로 중세 유럽에서는 10~11세기 이탈리아에서 처음 개발된 후 전투에서 사용되었다. 하나씩 쏠 수 있는 것부터 다연발식으로 진화했다. 옮긴이

39) C. Webster와 N. Frankland, *The Strategic Offensive against Germany,* (4권, 1939~1945). 이 내용은 프리만 다이슨의 *Weapons and Hope*에 인용되기도 했다.

은 사라지고, 그와 함께 문명에 대한 동기도 상실하게 된다. 결국 우리 사회는 고대 문화보다 더 낮은 수준으로 하락한다."⁴⁰⁾고 쓰고 있다.

그렇지만 오늘날 국제사회는 실제 일부 무기(생화학 무기와 같은 '대량 살상' 무기뿐 아니라 대인 지뢰와 같은 무기)의 사용 및 생산을 금지하는 법률을 제정했고, 핵무기 보유국들의 무기 확산을 통제할 뿐만 아니라 규모에 따라 가용 폭탄의 파괴력을 제한하려 하고 있다. '결백한' 전쟁의 가장 최근 개념은 군뿐 아니라 민간인 희생자 수를 줄일 수 있는 무기를 사용하는 것으로 요약된다. 정의에 따르면 추악한 전쟁은 무고한 인명의 대량 살상을 낳는 전쟁으로, 현대 전략 용어의 완곡한 표현으로 '방계 피해(수평적 피해)'라고 한다. 지금은 폭발이나 전쟁에 대한 즉각적인 보도를 하는 미디어의 비중이 커지면서, 민주주의는 모든 전쟁이 양산하는 인적 피해 실상을 두 눈으로 지켜봐야 하는, 그 어느 때보다도 고통스러운 상황에 직면하게 되었다. 그리고 이제 선진국에서는 '희생자 전무全無' 전쟁이 미래 전쟁의 슬로건이 되었다. 희생자 없는 전쟁은 우선적으로는 자국 군대 안에서, 그리고 적군 캠프도 마찬가지로 희생자 없는 전쟁을 지향한다. 그리고 현재의 군사 기술 발달로 어느 지점까지는 거의 가능한 듯 보이기도 한다.

---

40) J. Huizinga, *op. cit.*, p 169

베트남전쟁뿐 아니라 남북전쟁까지 거슬러 올라가는 미국의 상처는 그 반작용으로 독특한 전략을 낳았다. 그 전략 원칙은 항상 미군 희생자 수를 최소한으로 줄이는 것이었다. 제1차 세계대전 때 참호전의 무참한 살육을 가져온 '유희적' 전략과 정반대다. 미국은 시칠리아를 디디티DDT로 완전히 뒤덮은 뒤에야 미군을 파병했고, 모든 공격 과정 전과 중간에 자국 지상군 보호를 최우선 목표로 삼기 때문에 제공권에 집착한다. 그러나 희생자가 하나도 없는 전쟁이란 없다. 이것은 피를 흘리지 않는 전쟁을 가장하는 환상, 아니 오히려 기만하는 것에 가깝다. 그래서 전쟁 평론가들 중 일부는 코소보 공습으로 완승을 이끌고, 쿠웨이트에서도 같은 식으로 거의 완승을 거둔 이 작전이 기술적 우위와 동시에 약점도 노출하고 있다고 본다. 바로 자국 군사의 생명과 부대의 위험을 담보로 하는 전투를 기피함으로써, 이들이 실제 지상전에서는 더 잘 훈련된 적군을 단 한 명도 물리칠 수 없을지도 모른다는 것이다.

더욱더 정확한 '외과 수술' 공격과 크루즈 미사일 덕에 현대 공중전이 조종사와 민간인 쪽 희생자 수를 줄이고 있는 건 사실이다. 그러나 그것도 어떤 일정한 지점까지만 그렇다. 마이클 이그나티에프[41]와 다른 많은 미국인 전문가들이 지적한 바처럼

---

41) 마이클 이그나티에프(Michael Ignatieff, 1947~)는 캐나다 지식인으로 역사학과 철학을 공부했고, 기자로도 활동했다. 2005년 이후로는 캐나다 자유당 의원으로 정치에 참여했다. 옮긴이

희생자는 늘 있고, 그러므로 희생자 수에 대한 공식 발표의 선전 내용은 믿을 수 없다. 이그나티에프는 다음과 같이 기록했다. "일부 군 사령부 장교들과 정치인들은 '사막의 폭풍' 작전을 베트남전의 보복으로 여겼다. 그러나 이 작전은 계속해서 위험한 환상을 심어 주고 있다. 너무나 눈부신 승리였고 정보도 아주 잘 통제되었기 때문에, 미국 여론은 이 전쟁으로 인해 약 1만 명의 이라크 인이 목숨을 잃었다는 것을 전혀 몰랐다. 정확하게 목표물을 명중시킨다는 크루즈 미사일 사용 때문에 연합군 공습은 목표물만 도려내는 외과 수술 공격이라고 믿게 만들었다. 그러나 실제 크루즈 미사일이 사용된 것은 이라크 공격에서 8퍼센트에 지나지 않았다."[42]

또 공중 폭격으로 인한 경제 체제의 완전 붕괴로 민간인이 치러야 하는 대가를 축소할 수는 없다. 이그나티에프는 덧붙여 "게다가 민간인이 입은 피해는 더욱 심각하다. 2백 명 이상의 민간인 사망자를 낸 바그다드의 알피르도스 벙커 폭격 이후 국제 여론이 악화되자 실제 도시 공격은 중단되었다. 코소보 폭격의 경우 크루즈 미사일의 정확한 적중률은 38퍼센트였다." 라고 했다. 물론 피해 규모는 세르비아가 주장하는 것보다는 적었다. 나토 입장에서는 잃을 게 없는 전쟁이었지만 그럼에도 폭격 희생자 수는 5백여 명이나 되었다. 미디어가 개입하면서

---

42) M. Ignatieff, 이 기사는 2000년 7월 "The New American Way of War"라는 제목으로 『The New York Review of Books』에 실렸다.

대량 살상의 수위 문제는 희생자의 비극에 대한 '이면'의 증언을 어디까지 알리느냐(정확한 희생자 수 파악에 한계가 있기는 하지만)의 문제가 되었다.

분명히 아직도 일부 전쟁광들에게 전쟁의 유희적 측면이 완전히 사라진 것은 결코 아니다. 냉전의 시작과 함께 유희성은 가상 전투의 토대가 되었다. 두 강대국은 자국의 위신과 영광을 건 싸움에서 서로 전력을 부풀리며 겁을 주었다. 이 군사 기술 경쟁 뒤에 핵폭탄의 대량 학살 위협이 실재한다는 것만 제외하면, 기사도 의식을 상기시켰다. 미국과 구소련 연맹이 벌인 대결은 중세의 마상 결투와 닮은 점이 있다. 즉 국가 에너지를 총동원하고, 군비 확대라는 결투의 명분을 살리기 위해 **핵 격차**(gap), **미사일 격차**, **기술 격차** 등 수많은 슬로건과 도전 과제를 내세웠던 것이다.

이런 면에서 경제협력개발기구가 발표한 통계 자료는 국가별 민간 및 국방 목적의 연구 개발 지원을 비교하면서 새로운 무기 경쟁을 정당화하는 동기를 부여했다. 미국이 1960년대에 국방 연구 개발비로 국내총생산의 3퍼센트 목표를 달성했을 때, 소련뿐 아니라 서유럽에서도 국가 우위와 우월성 경쟁에서 열세를 만회하려는 허망한 열망을 품게 되었다. 후이징가의 분석에 따르면 최초의 스푸트니크, 최초의 우주 동물, 최초의 우주인, 최초의 달 착륙 같은 기술 경쟁의 중요한 전기들은 마치 고대 전쟁에서 신이 부여한 성스러운 가치처럼 군사 과학 기술

개발 결정을 지지하는 사건들로 승리나 패배의 증거가 되고
있다.

이런 의미에서 과학 활동은 실제 전쟁의 대체물이 되었다.
전쟁의 가치는 이제 병력 간 유혈 전투가 불가능해진 지상을
벗어나 전통적으로 경쟁해 왔던 연구실로 옮겨 간 것이다. 지구
주위를 한 바퀴 돈 가가린이나 달 위에서 뛴 암스트롱 모두,
명예가 입은 상처를 복수하려는 것이었고, 전리품 정복의 수단
이 된 국책 연구 개발 활동은 최강대국들에서 죽음을 부르는
욕망이 회귀했음을(아니 영원히 존재할 것임을) 보여 주었다. 갤브레이
스가 강력히 주장했듯이 "이 모든 것이 의미 없는 노력이다.
기술 경쟁은 구舊기술의 폐기를 위해, 전쟁은 소모를 위해 존재
한다."43) 미소 두 강대국이 벌인 전쟁은 각자의 영토를 노출하
지 않는 영역에서 진행된 대리전이었다. 냉전의 속성은 전쟁의
현실이 갖고 있는 폭력 요소를 게임장으로 옮긴 것이었고, 군비
철폐의 가능성에 관한 협상조차 이러한 유희적 게임의 일부였
다. 왜냐하면 여기에서 경쟁 중단은 경쟁 그 자체보다 더 위험한
것으로 여겨졌기 때문이다.

같은 식으로 이런 유희적 기능의 전쟁은 과학 연구를 통해
더 승화된 형태를 찾았다. 전쟁터가 연구실로 이동되면서 비록
가장 파괴적인 무기 개발을 위한 것이었지만, 연구가 주는 희열

---

43) J. K. Galbraith, *Le Nouvel Etat industriel: Essais sur le système économique américain*,
(Gallimard, Paris, 1967)

은 경쟁적인 기사도 정신과 결합되었다. 과학자의 이런 역할은 가장 오래된 전쟁 모형인 명예와 영광, 권위를 건 전투를 그대로 투영하고 있는 것이 아닐까? 또 데탕트와 함께 선과 악의 양자 대립 위에 세워진 견고한 갈등 도그마가 점차 그 신뢰를 잃어갈 때, 이 구식 전쟁 모델은 단기 전쟁처럼 경제전에서도 지존의 자리를 건 싸움이 존재한다는 생각을 연장시켰고, 이는 냉전 이후로도 지속되고 있다.

전부全部 아니면 전무全無의 억지력

쿠웨이트와 코소보 전쟁은 군사 작전 초부터 미국이 지상 병력을 투입하길 원치 않았던 국지전이었다. 이들 전쟁은 위험 요소는 적지만, 최소한의 이득만 취할 수 있는 전쟁이었다. 두 경우 모두 작전은 성공했지만 사담 후세인이나 밀로셰비치를 권좌에서 축출하지는 못했다. 한마디로 피루스식 승리[44]였다. 마이클 이그나티에프는 이런 형태의 군사 개입을 '가상 전쟁'이라고 불렀다. 미국은 '위험도 사망자도 없는 완전한 면책이 보장되

---

44) 그리스 에피루스의 왕이었던 피루스Pyrrhus가 약 2만 5천여 명의 군대와 20여 마리 이상의 코끼리 군단을 이끌고 이탈리아를 침공해서 로마제국의 두 개 도시를 정복했지만, 그 와중에 대부분의 군인과 코끼리를 잃게 되었다. 즉 너무 많은 대가와 비용을 치르고 얻는 작은 승리를 말한다. 옮긴이

는' 전투를 이끌었는데, 그야말로 과학 기술 연구 발전의 승리라고 할 수 있었다. 그러나 핵무기는 경우가 다르다. 냉전 때처럼 더 이상 지구 전체의 대재앙을 볼모로 전 세계를 협박하지는 않지만 절대 가상이 아닌, 국경을 초월하는 실제 위험인 것은 여전하다.

핵무기 연구 확대의 토대는 억지주의 원칙이었다. 기술적으로 추월당하지 않는 것, 다시 말해 선제공격을 하는 쪽은 '선제공격'에 의한 피해를 상관치 않고 자신을 포함, 전멸을 각오하고 있다는 사실을 타국에 확인시키고 각인시킨다는 것이다. 군사 기술의 억지주의에는 중간이란 없다. 실패하면 더 이상의 승자도 패자도 없고, 공격한 측과 공격을 당한 측 모두 전멸한다. 그래서 억지력은 이를 실제 사용하지 않은 상태라면 평화를 보장하는 가장 최선의 수단이면서도, 사용할 수밖에 없다면 더이상 아무 의미도 없다. 바로 여기에 '전부 아니면 전무all or nonthing'의 전제로 핵무기를 개발하고 이를 필수적으로 동반한 무기 체계의 특수성이 생겨나는 것이다. 이 점이 또한 핵무기의 비도덕성과 절대적 효용성을 동시에 규정한다.

통상 연구 활동에 부여되는 다른 목표들과 달리 방위 목표는 완전하게 명백하고, 단 한 번에 모든 것이 결정된다. 바로 사느냐, 죽느냐의 문제인 것이다. 『핵무기 시대의 방위 경제*L'économie de la défense à l'âge nucléaire*』의 저자들도 다음과 같이 강조했다.

"이 분야의 군사 연구 개발의 우월성이 단지 시간상 우위를 점하는 것뿐이라고 하는 것은 잘못된 결론이다. 그것은 전쟁을 미리 막거나 승리를 이끄는 데 유효하다. 또한 전략적 방위를 수행하는 국가에 패배하지 않기 위한 결정적인 조건이다."[45]

억지력은 경쟁 상대 사이의 '죽음을 건 결투'를 막음과 동시에 추월당하지 않기 위한 끝없는 연구 개발을 요구한다. 따라서 핵전쟁에서는 '상상 이상의 것'을 생각해야만 한다. 그 상상 이상의 내용들은 연구와 밀접하게 연관되어 있다. 그러나 완전한 파괴력을 얻고자 미국과 구소련 연맹이 벌여야만 했던 군비 경쟁에 맞서, 핵무기 개발에 참여했던 일부 과학자들은 초기에 핵무기의 규제 없는 파괴 수위를 규탄했다. 이들은 중세 2차 라트란 공의회 때의 쇠뇌처럼 핵무기도 완전 금지하거나 적어도 그 규모와 성능에 수위를 정해 묶어 두어야 한다고 주장했다.

따라서 핵융합 폭탄인 '슈퍼' 수소폭탄 제조는 히로시마와 나가사키 투하 폭탄 개발에 기여했던 몇몇 물리학자들의 즉각적인 반대에 부딪혔다. 1949년 소련의 첫 핵분열 폭탄 폭발 직후, 로버트 오펜하이머가 의장으로 있던 원자력위원회의 일반자문위원회(GAC)는 '슈퍼폭탄' 개발이 포함된 핵무기 연구 프로그램의 우선 과제를 설정해야 했다. 위원회는 만장일치로 "수소폭탄이 반물(反物)적인 시설물을 포함한 군사시설물 파괴용으로만 사용될 가능성은 없으며, 이 무기는 원자폭탄보다 민간인 말살

---

45) C. H. Hitch, R. N. McKean, *The Economics of Defense in the Nuclear age*, (Harvard University Press, 1960), (Atheneum, New York, 1965년 재판)

방침을 유도할 가능성이 훨씬 높다."고 결론을 내렸다. 또 만장일치로 "다른 수단을 써서 무기의 개발을 피할 수 있다."는 희망을 피력했다. 사실 소수의 과학자들만이 소련 측이 개발을 포기하지 않겠다고 할 경우에 한해서 개발 계획 실행을 수용한다는 의견이었고, 사실 위원회의 대다수는 완강한 반대를 표명했다.[46]

이것으로는 충분치 않아 두 개의 별첨 문서를 첨부했다. 그중 첫째 문서는 제임스 코넌트James Conant가 작성하고 오펜하이머와 세 명의 다른 위원회 위원들이 함께 서명했다. 그 내용은 슈퍼 수소폭탄은 인종 말살 무기가 될 수 있으니 **절대로 개발되어서는 안 된다**고 강조하는 것이었다.

"우리는 이 프로그램에 대해 강력한 반대를 권고한다. 우리의 의견은 전 인류를 위해, 무기 개발에서 얻는 모든 군사적 이득보다 이 같은 프로젝트가 가진 극단적 위험이 절대 중시되어야 한다는 신념에 따른 것이다."

이 같은 반대의 표현들이 여전히 너무나 미온적이라고 판단하며, 이시도르 라비Isidor Rabi는 엔리코 페르미Enrico Fermi(두 사람 모두 노벨상 수상자)의 서명과 함께 두 번째 첨부 문서를 작성했다. 라비는 이 수소폭탄이 실질적인 인종 말살 무기라는 것을 강조했다.

"이 폭탄의 파괴력에 대해 아무 제한이 없다면 그 제조 기술과 존재 자체가 인류에게 위협이 된다. 그것은 필연적으로

---

46) 여기 인용된 글들은 Herbert F. York의 *The Advisors: Oppenheimer, Teller and the Superbomb*, (Freeman, San Francisco, 1976)에서 찾아볼 수 있다.

악이며, 어떤 식으로든 악이라고 간주할 수밖에 없다."

이들의 눈에 슈퍼폭탄은 넘지 말아야 할 선을 넘은 것이었다. 기존의 무기들로도 미국의 안보를 보장하는 데 충분했기 때문에 핵융합 폭탄은 그 자체가 도덕적 측면에서 전례 없는 재앙이자, 전략적 측면에서 끝없는 군비 확대의 단초를 제공하는 것이었다.

갈릴레이 재판에서 오펜하이머 사건까지

개발에 반대하기는 했지만 라비는 오펜하이머의 뒤를 이어 자문위원회(GAC) 의장직을 맡았고 은퇴할 때까지 펜타곤과 미 대통령 자문 기구에 참여했다. 당시는 냉전 중이었고, 스탈린이 유럽에 가하고 있던 위협은 실재하는 위협이었다. 나중에 최초의 수소폭탄을 터뜨리는 쪽은 소련이었다. 그러나 앞서 위원회 자문단이 표출한 반대의 의미를 잘못 오해해서는 안 된다. 이들이 자발적으로 슈퍼폭탄을 절대악으로 비난했던 만큼 미국 병기창엔 언제나 더 많은 원자폭탄이 숨겨져 있었고, 그 양은 당시 적을 충분히 억제하고도 남았다. 또 관련 국제 합의나 조약이 없었기 때문에, 많은 과학자들은 핵무기 사용 전면 중지를 원했을 뿐, 어느 누구도 언젠가 도래할 핵무기 사용을 본질적으로 반대하지는 않았다. 더 정확히 말해 과학자들이 핵무기를 개발하고 성능 개량의 필요성을 인정한 것은, 핵무기와 관련된 군비 확대를 제한하는 조약을 이끌어 낼 수 있다고 희망적으로 생각했기 때문이다. 그래서 수소폭탄을 거부하면서도 향후 수소폭탄 개발 원리를 이해하기 위한 기초 연구는 권장하는 결론을 내린 것이다.

사실 오펜하이머가 수소폭탄에 반대한 것은 윤리적 이유도 있었지만 그보다 기술적 이유가 더 컸다. 핵무기 축소 지지자였던 오펜하이머는 핵융합 폭탄(수소폭탄)의 조기 개발 가능성을 믿지 않았다. 바로 이 때문에 전략공군사령부Strategic Air Command, 원자력위원회(AEC) 위원들 대부분과 이들의 산업계 지지자들이 야합하여 오펜하이머를 겨냥한 그 유명한 청문회를 열어, 이전 전쟁 중 원자폭탄 프로그램을 성공시킨 오펜하이머를 권력과의 직접 통로이자 핵폭탄 기밀에 대한 완전 접근권을 갖는 고위 자문관직에서 물러나게 하였다. 전략적 폭탄 투하의 대표적인 지지자이자 원자력위원회의 전직 인사 책임자였던 윌리엄 보든Wiliam Borden은 오펜하이머를 공산당원이라고 기소했다. 그리고 이를 심사한 의회 내의 그레이 청문회는 오펜하이머를 국가에 **안보상 위험인물**로 판결했다.

이 같은 판결은 대다수 미국 과학자들의 즉각적인 비판을 샀다. 판결의 이유 가운데 꽤 결정적으로 작용했던 다음의 판결 사유는 청문회가 진행되던 당시 '공산주의자 마녀 사냥'의 매카시즘 폭압 분위기를 보여 준다.

"이 사안에 대해 오펜하이머가 밝힌 신념은 기술적 판단에 따른 것이 아니며, 또 최강의 공격력을 통한 국가의 군사 이익 수호를 근거로 한 것도 아니었다. 그러나 자문 과학자 본분을 벗어나 사안에 중대한 영향을 행사하려 한 사실은 인정된다."

이를 보면 슈퍼폭탄 연구 프로그램 실행에 몸이 달았던 오펜하이머의 적들이 가진 시각은 마치 기술적 판단에만 근거한 신념을 표출하는 것 같다. 그러나 특히 수소폭탄 프로그램의 우선 개발을 옹호했던 에드워드 텔러의 주장을 보면 소련과의 향후 관계에 대한 정치적 판단으로 점철되어 있어 오펜하이머의 시각보다 오히려 더 짙은 정치색을 드러낸다. 그러나 두 경우는 그냥 다르게 취급되었다.

자, 이렇듯 이 사건은 기술적 논리만을 앞세워 정치적 문제들에 개입할 수 없는 과학자들이 걸려들 수 있는 덫에 대한, 특히 드라마틱한 예였다. 사람들은 오펜하이머를 희생양으로 삼은 의회 청문회를 갈릴레이 재판에 대입시켰다. 오펜하이머의 경우는 엄밀한 의미에서 재판이 아니라 의회 청문회였지만, 두 경우 모두 거짓 모반과 개인적 앙심이 결정적 역할을 한 것은 사실이다. 지오르지오 드 산틸라나[47]는 두 경우 모두에서 관료주의의 은밀한 개입이 사안의 결론에 얼마나 결정적인 영향을 미칠 수 있는지를 잘 분석했다. 교황의 판결이 온통 거짓 혐의로

---

47) 지오르지오 드 산틸라나(Giorgio de Santillana, 1902~1974)는 미국 MIT 대학의 과학사학과 과학철학 교수다. 옮긴이

가득하고 치밀하게 날조된 내용의 기소문을 근거로 했듯이, 그레이 청문회 의장이 작성한 보고서도 마찬가지였다. 그리고 오펜하이머 사건에서 공군 사령부의 대표자들은 갈릴레이 재판에서 기독교인들이 한 역할과 매우 비슷한 역할을 담당했다.[48]

그러나 내 책『과학과 정치』에서 강조했던 바처럼 이 두 사건의 차이점 역시 많다. 갈릴레이와 교회가 대립했던 논쟁은 종교 원리와 종교적 복종에서 분리해야 할 과학의 진리에 관한 논쟁이었다. 반면 오펜하이머와 공군 사령부 사령관들을 대립시킨 논쟁은 정치적 의견과 선택에서 분리된 것으로 여겨지는 과학자의 속성에 관한 것이었다. 당시는 한국 전쟁 발발과 누구도 수소폭탄 제조가 가능할 거라고 예상치 못한 시점이라 폭탄 개발 옹호자나 반대자 모두 정치적 전제, 또는 단순한 정치적 주관이 불가피하게 개입될 수밖에 없는 상황이었다. 그런데도 양쪽 모두는 기술적 판단에만 근거한 의견을 제시하도록 강요

---

48) G. de Santillana,『갈릴레이 재판*Le Procès de Galilée*』(Club du Meilleur Livre, Paris, 1955). 갈릴레이 재판과 오펜하이머 청문회 비교는 이 외에도 다른 여러 측면에서 가능하다. 둘 다 실제로 구형을 받지는 않았으며, 두 인물 모두 좋은 여건 속에서 난관을 벗어날 수 있었다. 갈릴레이는 시엔에서 플로렌스로 좌천되었고, 오펜하이머는 프린스턴의 첨단 과학 연구소 소장으로 임명되었다. 둘 다 계속해서 연구 활동과 출간 작업을 할 수 있었고, 영향력도 잃지 않았다. 그리고 둘 다 결국 복권되었다. 오펜하이머는 얼마 안 있어 1963년 11월 1일 백악관 기념식에서 페르미 메달을 수상하며 존슨 대통령의 악수를 받았다. (이 상은 케네디 대통령이 높이 평가했던 상이다.) 갈릴레이는 4세기가 훨씬 지난 후에 복권 조치되었다.

되었다. 또한 마녀 사냥식 매카시즘이 지배하던 시대 상황 때문에 이 논쟁은 또 다른 차원의 이슈가 동반되었다. 즉 상상으로 끝나지 않는 스파이와 배신자에 대한 공포다.

갈릴레이를 희생자로 삼은 오판은 교회가 진실에 대한 연구자들의 **방법론적 태도**를 인정할 수 없는 데서 연유했다. 교황은 자신의 권위가 과학적 방식에 영향을 미칠 수 없다는 사실을 참을 수 없었다. 오펜하이머의 경우는 국가가 그로부터 순수한 기술적 의견을 기대한 사안에 대해 오펜하이머가 보인 **정치적 태도**를 인정하고 싶지 않았기 때문이다. 오펜하이머의 적들은 정치적인 고려를 바탕으로 한 의견을 제약 없이 표출할 수 있었는데도 말이다. 기소된 대상은 진리 탐구를 위한 과학이 아니라, 국가의 최우선 정책에 봉사해야 하는 전문가로서의 역할이었다.[49]

결론적으로 오펜하이머는 무엇 때문에 비난받았는가? 전쟁 전 좌파 인물들과 교류했고 공산주의자인 애인이 있었고, 스페인 내전 때 공화국 수립 자금을 조달하기 위해 미국에 온 프랑스 소설가 말로와 접촉하는 등 프랑코 반대에 열성이었다는 점, 그리고 맨해튼 계획에 참여하는 동안에도 이런 관계들을 지속했다는 사실을 연방수사국에 알리지 않았다는 이유였다. 그러나 오히려 배신했다는 의심보다는 그레이 청문회의 결론에 가장 막강

---

49) 나의 저서 『과학과 정치』를 참조할 것.

한 힘을 행사한 공군 사령부의 압력과 요구 사항에 굴하지 않았기 때문에 기소당한 것이다. 실제 오펜하이머가 저지른 범죄는 슈퍼폭탄의 미래를 믿지 않은 데 있다. 그러한 판단의 근거가 기술적 이유보다는, 그 자신이 '최강의 공격력 확보를 통한 국가 이익 수호'를 위해 일한다는 생각에서 비롯된 것이었다.

기술 도취 콤플렉스

청문회에서 한 오펜하이머의 진술은 정치, 전략 문제와 관련해 과학자의 역할을 다시 한 번 극명하게 드러낸다. 오펜하이머는 결국엔 슈퍼폭탄의 명분에 동조하게 된 이유를 고백했다. 사실 기술적 실현 조건만 증명하면 충분했다.

"1949년의 개발 프로그램은 분명히 무리가 있는, 기술적으로 큰 의미가 없는 것이었다. 이에 대해선 확실히 증명할 수 있다. 따라서 설사 억지로 개발을 할 수 있다 해도, 그런 식의 기술 방식으로 개발할 의향이 없음을 보여 줄 수 있었다. 그러나 1951년의 프로그램은 **기술적으로 구미가 당길 정도로 가능성이 있어** 개발 문제를 진지하게 검토할 수 있었다. 단지 남은 숙제는 무기 개발을 할 경우 야기될 군사적, 정치적, 인간적 문제였다."[50]

내가 '기술 도취 콤플렉스'라고 부르는 것은 그 결과가 어떻

든 개의치 않고 과학적 모험에 뛰어드는 것을 말한다. 한편으로
는 기술에 대한 탐닉과 연구 활동의 기쁨, 해결책을 찾도록 자극
하는 문제들과 새로운 발상이 주는 희열을 말한다. 즉 가능성이
있으므로 새로운 세계를 발견하게 되든 아니든 열정을 갖고
연구해야만 한다. 또 다른 한편으로는 과학 기관이나 연구자의
일이 아닌 역사와 가치 갈등, 책임 의식과 관련된 모호성도 의미
한다. 즉 '군사, 정치, 인문 분야에서 과학을 응용하는 것'은 실험
실 내 연구 활동과 과학자의 상상력을 벗어나는 문제점들을
야기한다.

오펜하이머의 최악의 경쟁자이자 동료(사실 숙적)였던 에드워
드 텔러는 (스태니스로우 울람Stanislaw Ulam과 함께) 슈퍼폭탄 제조의 문제
점을 해결한 과학자다. 텔러가 그레이 청문회에서 한 증언 역시
오펜하이머의 말과 크게 다르지 않았다. 텔러는 무기 개발에
대한 일반자문위원회의 부정적 반응을 접한 로스 알라모스 연
구원들의 실망에 대해 언급했다.

"많은 연구원들, 특히 젊은 연구원들은 별 진척 없는 연구
과정에 진저리가 나 있었고, 때문에 탐험 정신을 갖고 새로운
분야에 뛰어들기를 원했습니다."

기술 도취와 함께 모험 정신도 과학 연구를 정의하는 한 부분

---

50) In the Matter of J. Robert Oppenheimer, *Texts of Principal Documents and Letters, Transcript of Hearings*, (USGPO, 1954), (MIT Press, Cambridge, 1971 재판), 오펜하이머 인용 부분은 251쪽, 텔러에 관한 기록은 716쪽을 찾아보면 된다.

으로, 그 어떤 것도 이를 막을 수는 없다. 따라서 과학 체제와 관례의 기준에 반하는 이 같은 반대는 정말 '주제를 벗어난' 행위였고, 중대한 불경죄로 비난받았다. 그렇게 중단하는 것은 진정한 전문가 정신이 결여된 것으로 보였다.

1949년, 고비용이 들면서도 성공 여부는 불확실한 개발 프로그램에 착수하는 것에 대해 의미심장한 이의가 제기되었다. 오펜하이머는 개발을 반대하면서 '온건파'인 '비둘기파'의 전략 핵무기를 지지하는 입장이 되었다. 다시 말해 무엇보다 대량 살상 무기에 집착했던 '강경파'의 반대편에 서게 됨으로써 공군 사령부 로비 세력들의 증오를 사게 되었다. 그리고 한순간 오펜하이머는 삼중으로 의심을 받게 되었다. 스파이를 추적하는 정보원들에게는 공산주의자나 과거 공산주의자였던 이들과의 관계를 끊지도 않고, 이를 국가정보원에 밝히지도 않은 데 대해 의심을 받았다. 군부에게는 '절대 무기'를 앗아 가려는 무리들 편을 드는 것처럼 보였다. 또 동료 과학자들에게는 본인 스스로 지식의 추구라는 명분하에 늘 진보해야 한다는 과학자의 사명을 거스른 것으로 불신의 대상이 되었다. 텔러는 다음과 같은 말로 그를 비난했다.

"나뿐만 아니라 다른 많은 과학자들도 내게 찾아와 불만을 토로할 정도였다. 그 반대 보고서는 이렇게 말하는 것 같았다. '네가 오랫동안 열정과 열의를 다해, 아주 미미한 성과를 이루며 조금씩 전진하고 있다면 잘하고 있는 셈이다. 그러나 네가 굉장히 위대한 기술 진보를 한달음에 이루게 된다면 이는 뭔가 비도덕적인 행위를 저지르고 있는 것이다."

그로부터 한참 뒤, 펜타곤 역사상 가장 오랫동안 과학자문위원을 맡았던 오펜하이머의 복권 조치가 이뤄지고 난 후, 고등연구계획국(ARPA)[51] 국장인 허버트 요크는 역사적으로 봤을 때 텔러가 아니라, 오펜하이머가 옳았다고 결론지었다. 당시 냉전 배경이나 미국의 기술 발전 상태를 고려했을 때 그 같은 **크래쉬 프로그램**[52]을 실행할 필요까지는 없었다는 것이다.

"오펜하이머, 코넌트, 페르미, 라비, 또 그 외 여러 과학자들이 슈퍼폭탄에 대해 피력한 의견은 정당했고 옳았다. 그들은 기술적 측면에서 여러 조건들을 정확히 인식했고, 기술 수준과 관련해 안보 능력이 충분했음을 정확히 판단했으며, 필요할 때 기술적 열세를 충분히 만회할 수 있는 능력도 정확히 내다보았다. 따라서 소련의 첫 핵무기 폭발을 단순히 더 치명적인 무기 개발에 대한 자극이나 구실로 삼기보다, 핵무기 통제 문제에 대한 전반적 협상을 재개하기 위한 지렛대로 이용하려 한 것은 매우 적절한 태도였다. (…) 또 소련이 갑작스럽게

---

51) 고등연구계획국Advanced Research Projects Agency은 1972년 미국 국방성고등연구계획국으로 개칭하며 국방성의 연구, 개발을 담당한다. 인터넷의 원형인 알파넷(ARPANET)을 개발한 것으로 잘 알려져 있다. 옮긴이
52) 크래쉬 프로그램crash program은 국가적 이익이 걸린 중요한 과학 연구를 위해 초비상으로 단시간에 모든 수단과 재원을 집중 투입해 최대의 효과를 내는 연구 체제를 말한다. 옮긴이

도입한 적은 수의 슈퍼폭탄은 당시 힘의 균형을 깨뜨릴 정도
는 아니었다."[53]

그러나 허버트 요크는 솔직하게 다음과 같은 사실도 강조한
다. 슈퍼폭탄을 반대한 것이 이렇듯 타당했다고는 해도 트루먼
대통령의 폭탄 개발 프로그램 시행을 막을 정도는 아니었다고.
허버트는 당시 일반 자문위원회(GAC)가 내세운 주장이 "자신들
의 주장을 따라야만 하는 당위성을 모호한 구석 없이 대통령에
게 입증하는 데 부족했다."고 말한다. 정치 상황에 대한 대통령
의 분석은 여러 다른 성격의 정보들을 토대로 이루어지는 것이
었다. 결론적으로 자문위원회의 견제는 최종 결정에 크게 영향
을 미치지 못했다.

우리는 오펜하이머의 실패에서 최소한 다음과 같은 결론을
내릴 수 있다. 소련의 위협에 맞서 핵분열 물질 생산과 대륙
간 미사일 연구를 가속화하면서 슈퍼폭탄 프로그램을 실행하
고, 핵융합 폭탄(수소폭탄) 개발 전에 핵분열 폭탄(원자폭탄)의 수와
종류를 대대적으로 확산하는 등 모든 수단을 총동원하여 미국
의 절대적 우위를 증명하려 했던 자들이 결국에는 오펜하이머
를 희생양으로 삼은 사건이라는 것이다. 소련과 미국, 양국의
정치인들은 무기 경쟁을 중지하거나 연기하기 위한 협상 가능
성을 진지하게 모색하지 않았고, 미국이 군비 확대를 선택하면

---

53) H. F. York, *The Advisors: Oppenheimer, Teller and the Superbomb,* (Freeman, New York,
1976)

서 소련도 그대로 따랐다.

이와 같이 전략, 이념, 정치, 경제적 측면에서 양 진영 간 대립이 치열했던 냉전 상황에서조차 절실한 협상 노력을 요구하지 않았듯이, 대립 요인이 사라진 오늘날에도 군비 확대가 재현되면 같은 일이 반복될 것인가?

예전과는 매우 다른 냉전 후 상황에서 실제 적은 잘 보이지 않고 미국의 군사력, 특히 영토를 위협할 수 있는 적들의 능력도 제대로 파악이 안 된다. 이런 상황에서 '미사일 방패'를 선택하는 것은 문제와 위기를 야기한다. 미국이 실제 위협에 대해 단지 중·단기적인 차원의 대응에 그치지 않는다는 기조로 이런 군사 계획을 실행하는 것이라고 생각되기 때문이다. 미국이 군수산업과 관련 연구 기관 및 연구자들을 다시 전폭적으로 지원하면서, 다음과 같은 위험을 잉태하고 있다. 즉 미래의 잠재적인 '강적'(강대국이 되고자 전력을 쏟고 있는 중국부터 예전 지위를 찾길 꿈꾸는 러시아까지)들이 핵 시대 방위 경제의 '전부 아니면 전무'라는 기조를 부활시킬지도 모른다. 이 문제는 미래의 전쟁과 미국의 새로운 독트린인, '군사 혁명'과 관련해 다시 다루도록 하겠다.

외교관과 병사

앞서 다룬 모든 내용은 과학자가 군수산업 분야에서 수행하는 역할이 순수하지만은 않다는 것을 보여 준다. 지식과 권력 간 관계에서 '자유방임'의 끝은 정치적 동물 속屬에 속하는 양면적인 종種인 과학자의 출현을 가져왔다. 과학자의 전쟁 참여가 새로운 일도 아니고 그 자체로 비난받을 일이 아닌 점은 분명하지만, 과학 연구를 한다고 해서 왜 모든 국민에게 부과하는 국방의 의무를 면제해 주는지는 잘 모르겠다. 현대의 산업 전쟁 준비는 다름 아닌 '특별 배속병'으로 전쟁터가 아닌 연구실로 연구자들을 징집하는 것이다.

그러나 현재까지 개발된 무기 체계의 성격, 민감한 파괴력 수위의 문제, 또 일부 과학자들이 열성적으로 지지하는 기술 혁신을 통한 군비 확대의 현실을 볼 때, 군산복합체 내에서 과학이 져야 하는 책임과 국제 관계 변화에 미치는 영향을 기피하거나 축소할 수 없게 만든다. 과학이 표방하는 중립성 덕에 정치의 모순과 책임의 덫에서 벗어나는 과학의 이상적인 이미지는 군산복합체에 너무나 많은 과학자들이 연루되어 있는 사실 앞에 무너진다. 백악관을 떠나기 전날 아이젠하워 장군이 행한 유명한 퇴임 연설을 보면, 국가 정치의 영향력이 과학에 의존하고 있는 만큼, 군산복합체와 '과학 기술 엘리트의 포로'로 전락해 버릴 수도 있는 위험을 경계할 필요가 있다고 생각한 것 같다. 연설 속에 드러난 신랄함은 당시 미국 과학계를 놀라게 했고 반감을 샀다. 아이젠하워의 연설은 단지 지식과 평화, 인류의 복지만을 위해 봉사한다는 이상적인 과학상을 무시했을 뿐 만 아니라, 민주주의의 순행에 위협이 될 만큼 군수산업과 깊숙이 연관된 과학 체제의 상당 부분을 고발한 것이었다.[54)]

국제 관계 연구 분야에 대한 정의를 내리기가 얼마나 어려운지 설명하면서, 레이몽 아롱은 다음과 같은 상징을 차용했다.

"국가 간 관계는 특수한 방식 속에서, 그 방식에 의해 이뤄진다. 즉 상징적인 행위자인 **외교관**과 **병사**의 행동 방식에 의해 형성된다. 오로지 이 두 주체만이 평범한 일원이 아닌, 자신들이 속한 공동체의 **대표자**로서 완전하게 행동한다. 자신의 직무를 수행하는 외교관은 정치 단일체 그 **자체**이며, 이 단일체의 이름으로 말한다. 전장의 병사도 하나의 정치 단일체이며, 이 단일체의 이름으로 같은 인간을 죽인다. 그리고 국가 사이의 중간자로서 외교관과 병사는 외교와 전쟁으로 귀결되는 국제 관계를 **실현하고 상징한다**."[55)]

제2차 세계대전 종전 후 외교관과 병사에 이어 또 하나의 상

---

54) 이 연설은 1961년 1월 22일자 『뉴욕타임즈』지에 다시 실렸다. 그의 연설로 수많은 과학자들의 항의가 쇄도하자, 백악관 대변인은 아이젠하워 대통령이 지적한 대상은 과학 사회 전체가 아니라 '군사와 산업 권력과 결탁한 과학자들'만을 의미한다고 분명히 밝혔다. 과학자들의 반감을 누그러뜨리지 못하자, 대통령 과학 기술 특별 보좌관인 조지 키스티아코우스키가 대학 연구의 긍정적인 결실을 더욱 많이 소개하는 '과학에 관한 정론 평가'라는 기사를 게재하게 되었다. 이 기사는 1961년 2월 10일자 『과학*Science*』지 3450호에 실렸다.

55) R. Aron, *Paix et guerre entre les nations*, (Calmann-Lévy, Paris, 1962) 중 서문을 참조.

징 주체가 등장했다. 이 행위 주체도 외교관과 병사처럼 외교와 전쟁에 개입한다. 또 이 주체 없이는 국가가 대외 정책을 규정하거나 실행할 수 없을 정도로 그 상징은 국가와 긴밀한 연관을 맺고 있다. 그 주체는 다름 아닌 과학자다.

군사 또는 과학 전문가, 전략가나 외교관, 무기 판매상, 혹은 신무기 개발을 연구하는 대학 혹은 산업 연구소의 연구원 등 과학자는 연구소에서부터 전쟁터에 이르기까지 다른 국민들을 살생하는 일에 연루되어 있는 만큼, 국제 관계 자문과 협상에 개입하고 있는 것이다. 국가 관계는 과학을 통해 이뤄지고, 또한 과학은 국가 관계의 목적이자 하나의 중요 과제가 되었다. 국가 간 관계는 외교와 전쟁에서 과학을 포함하며, 과학자도 외교관과 병사처럼 과학자의 역할을 수행하면서 국가 간 관계를 실현하고 상징하고 있는 것이다. 그렇다면 도대체 어떤 점에서 과학자가 **다른 주체들보다 훨씬 더 훌륭히** 인류 공익을 위해 봉사하는 집단이라고 볼 수 있단 말인가?

그동안 과학자의 행위, 문화, 가치는 정치 세계에 무관심하거나 반항적이었다. 그러나 이제 그런 과학의 특수성은 앞서 본 대로 국가 관계의 행위 주체로서 타 국가들과의 관계에서 자국을 표현하고 대표하는 특수한 행위 방식 속에 소멸되었다. 다른 이들처럼 한 국가의 국민이지만, 전문 기술 능력을 소유한 자로서 과학자는 본인이 원하든 원치 않든, 자신이 속한 정치 단일체를 체현하는 동시에, 과학의 대표자로서 자신이 표방하는 지식

단일체를 상징한다. 이데올로기의 시각에서 이 지식 단일체는 정치 단일체보다 우월하지만, 현실에서는 **부차적**이다. 바로 그 때문에 정치를 위해 연구할지라도, 진리와 공익을 위해 헌신하고자 하는 사명도 함께 추구하는 과학자는 양심을, 아니 적어도 비양심적일 수는 없는 감정을 갖게 되는 것이다.

그래서 권력의 전폭적인 지원을 이용하면서도 지식 추구를 명분으로 내세우면 편해진다. 1997년 영국의 왕립학회 회장이었던 마이클 아티야 경이 퇴임 연설에서 말했듯이, 일부 과학자들이 군산복합체와 영합하는 행위는 매춘 행위와 다를 바 없다. 아티야 경은 냉전 시대의 극좌파나 사용했을 법한 표현을 빌려 다른 어떤 폐해보다 원자폭탄의 경제적 비용과 핵무기 생산·개발을 위해 과학자들이 행한 역할을 맹렬히 비난했다. 그는 과학자들의 이런 행위로 과학자들의 도덕성이 심각할 정도로 불신을 사게 되었다고 강조했다.

"군사·산업적 동기에 의해 국가와 긴밀하게 결탁하면서 우리 과학자들은 분명 많은 이익을 취했다. 그러나 그 지원에 대한 대가를 치러야만 했고 일반 대중이 우리에 대해 갖는 불신은 그 결과 중 하나일 뿐이다. (…) 우리 과학자들은 이제 중요한 화두 앞에 마주하고 있다. 그것은 대중의 신뢰를 회복하기 위해 정부와 산업에 대해 어떻게 행동할 것인가. 우리는 부끄러움을 가져야 할 것이다. 대중이 잘 몰라서 그런 것이니, 재교육을 받아야 한다고 불평해도 아무 소용없다."[56]

1961년 어느 날, 사하로프는 로스 알라모스와 같은 소련의 핵무기개발센터 사로프에 있는 젊은 동료 빅토르 아담스키Victor Adamsky의 연구소에 들렀다. 빅토르에게 같은 해 레오 실라드[57]가 『돌고래의 목소리La voix des dauphins』라는 제목으로 발간한 공상과학 소설을 보여 주기 위해서였다. 사하로프는 빅토르에게 특별히 다음 '전범으로 몰린 나의 재판 이야기' 부분을 읽게 했다. 이 부분은 소련과의 파괴적인 전쟁 끝에 미국이 패배하자 저자가 다른 많은 물리학자 동료들과 함께 체포되어 전범 재판을 받게 되는 이야기였다. 일본에 대한 폭탄 사용에 반대하는 운동을 펼쳤고, 러시아 과학자들과 함께 『원자물리학자 소식 Bulletin of Atomic Scientists』지에 핵무기 조약 체결을 옹호하는 많은 기사를 실었다는 사실에도 소용없이 실라드는 전범으로 취급된다. 그러나 곧 소련이 사용한 바이러스로 인해 전염병이 창궐하자 같은 동료 학자들과 함께 재판은 결국 중단되고, 기소된 자 모두 풀려나게 된다. 반면 이 바이러스로부터 자국민을 보호하기 위해 보관해 두었던 엄청난 양의 백신도 효력이 없었다. 결국 잇따른 혼란 덕분에 미국 물리학자들이 기소를 면한

---

56) M. Atiyah가 한 이 말은 G. Toulouse, *Regards sur l'éthique des sciences,* (Hachette Littérature, Paris, 1998)에 인용되어 있다.

57) 레오 실라드(Leo Szilard, 1898~1964)는 유대인 출신의 미국 물리학자. 나치에 대항하기 위한 원폭 개발을 제안한 장본인이지만 원폭 투하에는 반대한 평화주의자였다. 옮긴이

것이다.

소설을 읽고 나서 빅토르 아담스키는 자신뿐 아니라 동료들 모두 소설 속 물리학자나 이들의 변호사가 무죄를 입증할 만한 최소한의 일관된 증거를 제시할 수 없었다는 내용에 충격받았음을 고백한다.

"우리는 이 뉴스가 보여 준 역설에 경악했다. 우리가 대량 살상 무기를 개발하고 있다는 사실에서 벗어날 수 없다는 사실 때문이었다. 우리는 무기가 필요하다고 생각했다. 이는 우리의 기본적 믿음이었다. 그러나 이 문제의 도덕적 측면은 안드레이 드미트리비치(사하로프) 뿐만 아니라 우리들 중 그 누구도 평화롭게 살도록 내버려 두지 않을 것 같았다."

미소 양 강대국이 대립했던 무기 경쟁에서 중요한 것은 추월당하지 않는 것이었고, 국가 안보와 권위를 동시에 달성하려는 이 목표에서 오직 기술만이 결정적이었다. **역설**은 무엇이었을까? 그들이 보기에는 전문인, 기술인, 무엇보다 과학자가 재판에 회부되는 것이 역설이었고, 변호사를 비롯해 어떤 사람도 과학자가 다른 이들처럼 병사로서 자기 임무를 수행했을 뿐이라는 것을 설명할 수 없다는 점이 역설이었다. 이를 읽고 난 후에야 사로프 실험실의 일부 과학자들은 이 문제의 도덕적 측면에 대해 고민하기 시작했다. 정말 더 이상은 평화롭게 살 수 없게 된 것이다.

나는 그 역설이 다른 데 있다고 본다. 그것은 바로 핵무기의 정치, 윤리 역사상 개척자로서 레오 실라드가 시도했던 다양한 운동 속에서 찾을 수 있다. 헝가리에서 태어난 레오 실라드는 탁월한 물리 이론학자였고, 폰 라우에의 제자이자 아인슈타인의 친구, 그리고 엔리코 페르미와 함께 핵 반응로의 공동 발명자였다. 실라드는 1933년 핵 연쇄 반응에 대한 직관을 갖게 되었다. 실라드는 당시 런던에 잠시 들렀다가 9월 12일자 『타임즈』에서 '핵 전환'에 관한 영국 과학자회의 학회 내용을 읽게 된다. 당시 거물급 과학자 루터포드Rutherford는 산업화가 가능한 규모의 에너지 방출을 거론하는 것은 허튼소리라고 단언했다. 실라드는 그때 '늘 불가능하다고 단정하는 학자들 때문에 화난 상태에서' 길을 걸으며 어떻게 하면 루터포드의 말을 반박할 수 있을지 곰곰이 생각했다.

빨간 신호등이 켜지자 멈춰 서서 알파 입자와 달리 중성자는 중성자가 통과하는 물질에 의해 이온화되지 않는다(즉 전기적으로 반응하지 않는다.)는 사실을 떠올렸다. 그리고 빨간 불이 파란 불로 바뀌던 그 순간에 길을 건너며 불현듯 폴라니가 연구한 화학 연쇄 반응 모델처럼 하나의 입자에서 중성자 하나를 흡수해 두 개의 중성자를 방출하는 연쇄 반응이 가능하지 않을까 하는 생각을 했다.

"당시에는 어떻게 하면 그 입자를 찾아낼 수 있을지, 또 어떤 실험을 해야 할지 알 수 없었지만, 그 생각이 계속해서 떠나질 않았다. 어떤 일정한 조건이 되면 연쇄 반응이 일어날 수 있고, 이를 통해 산업화할 수 있을 정도의 에너지를 얻을 뿐 아니라 원자폭탄을 제조할 수 있을 것임에 틀림없었다."58)

미국으로 망명한 뒤 실라드는 1939년 루즈벨트 대통령에게 나치의 핵무기 위협을 경고하기 위해 아인슈타인의 서명을 받은 두 장의 편지를 작성하기도 했다. 이 편지가 일 년 후 **맨해튼 프로젝트**의 시발점이 되었다. 그러나 아인슈타인은 이 편지에 대해 책임지기를 원치 않았다. 후에 아인슈타인은 "실제로 나는 단지 편지함 노릇만 했다. 완성된 편지를 가져왔기에 나는 단지 서명을 했을 뿐이다."라고 아인슈타인의 친구이자 전기 작가인 안토니나 발렌틴Antonina Vallentin에게 말했다. 이 역사적 사건의 역설이자 모순은 세계에서 가장 평화주의적인 과학자가 전례 없는 가장 끔찍한 무기 시스템 개발의 신호탄을 쏜 장본인이 되었다는 점이다. 1944년 로스 알라모스에서 연구 팀을 결성해 일본에 원자탄 투하를 막기 위한 보고서 작성에서 많은 역할을 한 사람도 다름 아닌 실라드였다. 권력층이 그 이름을 알 리 없는 헝가리 이민 과학자였던 실라드는 다시 한 번 또 다른 노벨상 수상자의 이름을 빌려 정부 고위층에 그의 뜻을 알렸다. 아인슈타인에 이어 이번에 보고서의 책임을 지는 이는 바로 제임스 프랑크James Frank였다.

---

58) L. Szilard, *The Collected Works: Scientific Papers*, (MIT Press, Cambridge, 1972). Richard Rhodes의 책 *The Making of the Atomic Bomb*, (Touchstone Book, New York, 1988)의 첫 장 'Balivernes'에서 이 일화를 소개하고 있다.

프랑크 보고서는 히로시마 원폭 전 과학자의 책임 문제부터 시작해 핵무기 시대의 돌이킬 수 없는 모든 문제를 고발하고 있다는 점에서 주목할 만하다.

"예전부터 과학자들은 국가의 복지 향상이 아니라, 국가 간 상호 파괴 목적의 신무기를 공급했다고 자주 비난받았다. 실례로 비행기 발명이 지금까지 인류에 기쁨이나 이득보다는 더 많은 불행을 안겨 주었다는 사실을 부인할 수 없을 것이다. 예전에는 과학자들의 사심 없는 발견을 인류가 어떻게 이용하는가에 대한 모든 책임에서 비껴갈 수 있었다. 그러나 오늘날에는 더 적극적인 자세를 취해야만 한다. 우리가 핵 연구 발전에 가져다 준 성공이 이제 과거의 어떤 발명보다도 훨씬, 그리고 매우 심각한 위험을 안고 있기 때문이다."

핵무기가 그 규모나 결과에서 과거의 무기 체계와 비교할 수 없을 정도라고 강조하면서, 보고서는 핵무기 때문에 군사 전략, 특히 평화의 조건이 이로 인해 붕괴될 것이라는 점을 강력히 주장했다. 즉 최소한 관련 국제조약이라도 없다면 세계가 끝없는 군비 확대의 악순환에서 벗어날 수 없을 것이며, 이는 인류를 파멸시킬 것이라는 요지였다. 따라서 일본에 대한 기습 공격보다는 먼저 사막이나 무인도에서 전 유엔과 일본의 대표자들이 지켜보는 가운데 그 폭발력을 공개할 필요가 있다고 권고했다. 그렇게 되면 핵무기에 대해 국제사회가 실질적인 통제를 할 수 있는 기회를 보장하는 것이며, 정 일본을 공격해야

한다면 적어도 "다른 국가들도 그토록 치명적인 결정에 대해
일부분 책임을 질 수 있게 되는 것이다."[59]

따라서 핵무기 연구가 수반하는 도덕 문제에 대해 사하로프
에게 경각심을 일깨워 준 사람 또한 실라드인 것이다. 리처드
로드[60]는 자신이 쓴 수소폭탄 이야기에서 실라드의 공상과학
소설은 "바다에 던져진 병 안에 들어 있던 쪽지와 같다."고 썼
다. '소련의 비밀 연구소에서 건져 올린' 그 병은 처음엔 사하로
프가 핵무기 반대 캠페인을 시작하게 한 동기가 되었고, 이어
인권 수호의 투사로서 반체제 운동을 이끌어 체제 자유화의
단초를 마련했다는 것이다. 그렇게 해서 구소련 연맹의 말기에
이런 캠페인과 반체제 운동이 익숙할 정도로 확대된 것이다.[61]

59) 『프랑크 보고서』는 M. Grodzins과 E. Rabinowitch의 *The Atomic Age,* (Simon &
   Schuster, New York, 1965)에 다시 게재되었다.

60) 리처드 로드(Richard Rhodes, 1937~)는 미국의 저널리스트이며 역사학자로
   픽션과 논픽션이 혼합된 역사 에세이를 썼다. 그중 '원자폭탄 만들기The
   Making of the Atomic Bomb'는 제2차 세계대전과 핵무기 개발을 주제로 했다.
   옮긴이

61) Rhodes, *Dark sun: The Making of the Hydrogen Bomb,* (Simon&Schuster, New York, 1995).
   실라드의 소설은 프랑스의 *La voix des dauphins,* (Denoël, Paris, 1962)에 실려 있다.

3장 탈냉전 시대

"내 연구 결과가 사람들을 죽이는 데 이용될 수 있었다. 그렇지만 그 같은 사실과 연구가 주는 희열을 어떻게 타협시켜야 할지 알 수 없었다."

― 켄 알리벡

3장 탈냉전 시대

냉전 종결로 정세가 변화하자 과학자의 영향력과 개입 조건도 뚜렷이 달라졌다. 변화 속도를 과장하지 않아도 교통, 통신, 접촉의 발달로 모든 활동 분야에서 새로운 관계와 교류 체제가 급속히 형성되고 있는 추세다. 인터넷의 편리성을 최전선에서 누린 과학 활동도 당연히 열외일 수 없다. 이 같은 변화는 새로운 기회이기도 하지만 새로운 갈등의 근원(프로파간다의 근거)이기도 하다. 변하지 않은 것은 충성과 결정 과정(프로세스)의 **국가 기반**일 것이다. 그러나 유진 스콜니코프[1]의 말대로 정부에 대한 과학자들의 영향력은 어떤 의미에서 감소하고 있다. 이는 정책 결정자들이 과학과 관련된 산적한 문제들이 안고 있는 불확실성을 다루면서 과학에 대한 불신을 경험했기 때문이다. 오염 혈액, 광우병 사건, 모든 환경문제까지 과학과 관련하여 정부 기구들은 매우 중요한 도전에 직면했다. 즉 사안마다 과학자들

---

1) 유진 스콜니코프Eugene Skolnikoff는 전자공학을 공부하고 정치학을 공부해 과학과 정치의 관계를 연구해 온 MIT 대학 교수다. 옮긴이

의 의견이 엇갈리고, 최악의 경우, 이해 갈등이 혼재한 상황에서 과학자들에 의해 조종당하지 않아야 하는 것이다. 그렇지만 동시에 과학자들이 던지는 경고 메시지에 귀를 막고 있다가 너무 늦은 대응을 하는 우를 범해서도 안 된다.

새로운 병행 외교

일단 쥬느비에브 슈메데와 유진 스콜니코프가 강조하듯이 비정부기구가 등장하게 되면서 과학자들 사이의 접촉과 교류, 협력(또는 압력)의 새로운 토대가 마련되었다. 이에 따라 정치 **조직**(establishment)으로만 엄격히 제한되어 있던 사전 협상과 공식 협상의 무대가 기존의 영역을 벗어나 바깥으로 옮겨 갔다. 이런 이유들 때문에 냉전 동안 과학자들이 행했던 역할과 영향력의 비중은 예전보다는 확연히 줄어들었다. 이제 새로운 분쟁은 이전처럼 과학자들이 전문 능력을 앞세워 하나의 특권인 치외법권을 이용해 개입할 수 없는 성격의 것이다. 실제 과학자들이 수행했던 '병행 외교'는 오늘날 다른 중재자들에게 넘겨졌다. 또 과학자가 아무리 개입하려고 해도, 아무리 퍼그워시 운동이라도 여러 지역에서 발생하는 새로운 형태의 분쟁 완화를 위해 할 수 있는 **일이 거의 없다**는 것은 의미심장한 일이다. 이들 분쟁을 완화, 해결한 것은 새로운 중재자들이었다.

예를 들어 산 에지디오San'Egidio 신자회(신자회 본부인 로마의 옛 수도원 이름을 땄다.)는 주로 상인, 기업과 경영인 출신인 3만여 명으로 이뤄져 있는데, 가난한 사람들에 대한 관심 외에도 냉전 후 발발한 동족 간 분쟁의 중재자 역할도 소명으로 삼고 있다. 이 단체는 과거 식민지 강대국들의 묵시하에 벌어진 부족 간 내전으로 쑥대밭이 된 아프리카에서 내전을 완화하는 데 주목할 만한 능력을 과시했다. 바티칸과의 긴밀한 유대 관계를 숨기지 않은 채, 이 단체의 신자들은 오히려 과학자보다 더 국경을 초월하는 외교관이자 평화와 우호 관계의 전령으로 등장했다. 이들은 전쟁이 일상화된 정부들과 군부들에게 새로운 성질의 전쟁을 해소하는 마술사라는 명성을 얻었다.[2]

'2000년의 십자군'이라 불릴 정도로 가톨릭 평신도이자 '경영인' 외교사절인 이들이 거둔 성공 중 다음과 같은 성과는 주목할 만하다. '이슬람 구국전선'을 포함(정부는 물론 제외하고), 알제리 내의 모든 정파를 한자리에 모아 '로마 강령'을 작성했고, 모잠비크에 평화를 안착시켰으며 과테말라의 게릴라와 공화국 정권 사이의 관계를 재정립했다. 또 세르비아의 포로로 프리스티나에 억류되어 있던 온건파 비폭력주의자인 코소보 지도자 이브라힘 루고바Ibrahim Rugova를 출옥시켰고, 콩고와 부룬디에서 열

---

2) 2000년 7월2일, 3일 『Le Monde』에 실린 D. Rouard의 'Les diplomates éclairés de San'Egidio' 기사와 2000년 9월 『Le Monde diplomatique』에 실린 P. Leymarie, 'Les bâtisseurs de paix de San'Egidio'를 참조할 것.

린 평화 협상에 참여했다. 게다가 분쟁 지역에 관여한 다른 비정부기구들처럼 산 에지디오는 '인도주의적 개입'의 필요성을 내세우며, 칼로 코와 귀를 베는 아프리카의 '강도 게릴라' 문제에 개입하여 아프리카의 민심을 얻었다. 과학적 합리성의 원칙이나 효과에 의존하기보다는 실용적인 방식, 또 민간 네트워크와 중재에 기초한 '해법'을 통해 끔찍한 부족 간 약탈로 영원히 반목할 수도 있던 적들을 한 자리에 모아 협상을 성공시켰다.[3] 유네스코는 2001년 이 단체에 우푸에 부아니 평화상을 수여했다.

이처럼 새로운 지역 분쟁은 냉전 시대 적대국들 간의 '합리적' 대화와는 너무나 **거리가 멀다.** 냉전 시대에는 핵 억지의 한계를 함께 인식한 양 강대국이 '합리적' 대화를 토대로 혼란스럽지만 절대 극단으로 치닫지 않는 관계를 맺을 수 있었다. 그러나 아프리카나 발칸 분쟁의 경우는 다르다. 분쟁 완화와 정상화 약속에 대한 긍정적 비전을 제시하고, 야누스 같은 두 얼굴의 과학자들이 참여하는 최강대국들의 무력 외교를 피하려면 분명 합리성에만 의존한 논리에서 **탈피**할 필요가 있었던 것이다. 인도주의 단체들, 특히 '국경없는의사회'와 '세계의사회' 같은 단체들이 휴전 협상을 이끌어 수천 명의 피난민들을 전쟁에서 보호할 수 있었던 것도 지역 문제에 실질적으로 관여했기 때문

---

3) 『*Le Courrier de l'Unesco*』(2000년 1월자, 파리) 지에 실린 M. Giro의 'Une grammaire de la réconciliation'

이다.

그런데도 우리는 핵 홀로코스트의 상시적인 위협으로 점철된 냉전 시대의 예외적이며 구시대적인 '선례'에 눈먼 채 있는지도 모른다. 공산주의의 종말로 새로운 형태의 분쟁이 등장했고, 분명 그 폭력과 위협의 성질도 매우 달라진 시대로 접어들었는데 말이다. 사실 미국과 소련 사이의 각축전은 갈등을 다루는 방식에서 같은 코드로 통하는 두 적의 대립이었다. 이런 점에서 핵 억지는 핵 억제의 동인이었다. 퐈리에Poirier 장군의 말처럼 핵폭탄은 **폭력을 억압하는 기제**이기도 한 것이다.[4] 반면에 실제적이든 잠재적이든 미국의 새로운 적, 그중에서 미국이 '불량 국가'로 부르며 분류한 적들(북한, 이라크, 이란, 리비아)은 냉전 때의 게임 법칙이 통하지 않는다. 적어도 냉전 중 가장 극적인 순간에서도(예를 들어 쿠바 위기 때 피델 카스트로는 플로리다로 미사일을 발사하라고 후루시초프를 압박했다.) 미소 두 나라의 양극 균형을 유지시켰던 합리성이 통하지 않는 국가들인 것이다. 미국이 공격하기 전에 인질을 이용했던 사담 후세인과 같은 경우처럼 게임마다 늘 다른 카드를 쓰는 적이다.

지금까지 전쟁은 본질적으로 민족국가 개념에 따라 정의되었다. 클라우제비츠식 정의대로, 대외적으로 공표된 일정한 범위의 국경 안에서 형성된 중앙집권 국가를 토대로 한 합리적인

---

4) L. Poirier, *Stratégie théorique II*, "La bombe: le dit et le non-dit" (Economica, Paris, 1987)

개념인 것이다. 따라서 국민 총동원, 중장비 무기 사용, 과학자의 개입을 인정한다. 그러나 공산주의 해체와 더불어 유럽 내 민족주의 요구가 부활하면서 오늘날에는 종교 전쟁과 민족 전쟁이 빈번히 발생하고 있다. 이들 전쟁은 대전차 미사일과 같은 '첨단'이지만 가벼운 무기가 사용되어, 적과 적 사이에 과학이 개입할 여지가 없다. 이 전쟁에서는 적들 사이의 대화를 '합리화'하는 것이 더더욱 어렵다. 마찬가지로 과학자가 인류학자가 아닌 이상 과학자의 특수한 역할이 어떻게 수행될지에 대해서도 전혀 예측할 수 없다.

또 세계화와 정보화 혁명이 진행되면서 원자재 생산의 '속지주의'는 사라지고 있다. 경제 활동의 자유화와 민영화는 대학 연구뿐만 아니라 군사 분야까지 확산되고 있다. 동시에 국제 네트워크에 속한 국가들과 소외된 국가들 사이의 격차가 극심해지는 데 따른 개선 요구도 증폭되고 있다. 쥬느비에브 슈메데가 지적하듯이 개인과 공공, 민간과 군사, 국가와 지역, 국제 부문과 세계화 부문 사이의 관계가 일정한 과정 속에서 변화하고 있고, 이것이 새로운 갈등의 원인이 되기도 한다. 그 과정은 기관과 분야, 국가, 심지어 대륙의 경계를 뛰어넘는 초법적인 과정이다. 냉전은 유럽 외부에서 다른 상황 속에 벌어진 전쟁까지는 억제하지 못했다. 그것은 실상 강대국들이 개발도상국의 배후에서 종용했던 대리전이었다. 그리고 냉전 종식과 함께 이제는 이런 분쟁들이 유럽 중심부까지 전면적으로 재등장했다.

도처에서 분쟁 위험이 도사리고 있는 현 상황에서 자유화 바람, 특히 서비스와 연구·개발 분야의 민영화는 민족 국가의 쇠퇴를 더더욱 가속화할 가능성이 있다. 양극으로 나뉘어 있던 미·소 두 강대국의 대립 시대보다 통제가 더 어려운 과정에 들어선 것이다.

시애틀 회의(1999년 12월 세계무역기구 정상회의)를 기점으로, 포르토 알레그레(2001년 1월 세계사회포럼), 최근에는 제노바 회담(2001년 7월 G8 정상회담)을 통해 우리는 정부 조직과 다국적기업을 비판하는 세계 시민 사회의 부상을 보았다. 그리고 2001년 1월 다보스 포럼의 주최자조차, 헬멧을 쓴 무장 경찰의 엄호를 받으며 모인 '세계의 리더'들의 비양심을 언급했다. 다보스 포럼과 포르토 알레그레는 합리성의 기준이 서로 다른 두 개의 세상을 상징한다. 다보스는 통합으로 가는 세상보다는 **새로운 형태의 규제**로 가는 세상이다. 제노바 회담은 이에 반대하는 시민운동의 중심 무대이면서 동시에 이를 억압해 서방8개국정상회담(G8) 회원국 간 교류를 비웃음거리로 만들었다. 뿐만 아니라 민족국가의 권력 뒤에서 그 어떤 조화도 신념도 없이 작용하는 세계화 권력의 상징에 맞서, 반대자와 희생자들의 진정한 결집을 호소하는 신호탄이 된 것이다. 사실 국제연합 체제는 최강 선진국들의 입김에 좌우되고 있으며, 이들 국가들도 점차 민간 대기업의 영향권 안에 복속되고 있다. 점차 강화되는 다국적기업의 영향력, 연구기관 재정 지원, 이전과 다른 성질의 새로운 문제들의 등장, 기술 혁신 경쟁의 세계화(예를 들면 지놈, 유전자변형생물체나 정보 통신망 통제와 관련된 모든 분야) 등이 모두, 민간 부문에 대한 의존도가 점차 증가하고 있음을 보여 준다. 이런 맥락에서 과학자의 숙명인 충성의 대상을 선택해야 하는 갈등은 더 이상 조국과 과학 가치 사이의 갈등이 아니다. 이제는 과학 가치와 시장 논리 사이의 갈등일 것이다. 그리하여 다른 생산자들과 마찬가지로 과학자도 경제생활의 다른 행위 주체들과 별반 다를 게 없는 존재가 될지도 모른다.

최근의 경험

유럽과 지중해 주변에서 최근 발생한 지역 분쟁에 대해 미래 학회에서 나온 의견과 자료들은 어느 정도 부분적이고 편파적일 수밖에 없었다. 사실 주제 자체가 지금의 시사 문제인데다, 아직 엄존하는 불신과 의혹, 최근까지 계속된 원한을 다루었기 때문이다. 그럼에도 이들 분쟁을 검토해 보니, 과학자가 본연의 위치에서 의견을 피력할 수 있는 때조차 분쟁 완화에 거의 기여할 수 없음이 드러났다. 프랑스와 독일을 적으로 만들었던 제1·2차 세계대전의 경험은 개별 국가 능력의 한계와 다자간 협력의 이익을 인식하는 과정에서 시간과 화해 의지, 반성, 상황의 압력이 필요함을 보여 준다. 이 과정에서는 과학자 개인들과 과학 조직이 화해 카드를 이용해 통합을 이끌어 냈다. 그러나 앞으로 살펴볼 세 가지 사례인 발칸, 그리스와 터키, 북아프리카의 경우, 정치 갈등의 근본 원인에 대해 과학자와 과학 조직들은 그저 **무력**할 뿐이다. 그리고 일부는 과학자들의 관여가 오히려 긴장을 고조시키기도 한다.

1. 발칸

다민족 연방 체제의 유고슬라비아는 단 한 번도 현실로 완성된 적이 없었다. 티토와 카르델리가 민족 융화라는 난제를 해결하기 위한 마지막 노력으로, 공화국들에 더 많은 자치를 보장해 주기로 약속하면서까지 힘겹게 완성한 헌법(1974년 헌법)은 더 이상 존속하지 않는다. 과연 존속할 수나 있었을까? 티토 체제에 대한 비판, 민족주의와 종교 갈등의 부활, 코소보 내의 세르비아인 차별에 대한 비난, 알바니아 및 슬로베니아, 크로아티아의 독립 요구, 과거 공산주의 체제를 계승한 **아파라칙**apparatchick의 집권과 계속되는 도발 행위, 경제 위기는 말할 것도 없이 모든 문제들이 얽혀 필연적으로 분쟁이 촉발되었다. 우리는 그저 '인종 청소'의 구호하에 이러한 대량 학살, 강제 추방, 폭력과 강간이 유럽 한가운데에서 자행될 수 있었다는 사실에 경악할 뿐이다. 그것도 유럽연합과 미국, 유엔이 지켜보는 가운데, **즉각적으**

로 전쟁을 막고 적시에 분쟁을 제압해야 하는 '국제사회'가 그 어떤 노력도 하지 않은 채 말이다.

분쟁 발발의 기원은 오랜 과거로 거슬러 올라간다. 처음엔 오토만 제국, 이어 오랫동안 오스트리아-헝가리 제국의 지배를 받으며 왕조와, 국가, 종교, 민족이 뒤얽힌 역사이기 때문이다. 한때 잠시 일부 지역에서 서로 다른 민족과 종교 사이의 평화적 공존과 협력 관계가 있던 시기도 있었지만, 늘 민족과 종교적 성격이 혼재한 분쟁이 끊이지를 않았다. 처칠의 말대로 '이 지역이 감당할 수 없을 정도로 너무나 복잡한 역사를 잉태한 지역'인 것이다.

1986년 유명한 소설가인 세르비아 과학예술아카데미 총장은 '위대한 세르비아'를 표방하며, 다민족 연방의 폐해와 무능력을 비판하는 성명을 집필했다. 이 계획은 이듬해 공산당 당수로 선출된 밀로셰비치에 의해 차용되었다. 밀로셰비치는 "우리는 합법과 비합법을 가리지 않고 모든 수단을 써서 세르비아 국가를 보호하기 위해 싸울 것이다."라고 선포하며 위대한 세르비아 계획을 실행하려 했다. 그에 따라 코소보의 가지메스탄에서 6세기 전 터키에 패배한 역사를 '회고'한 행사를 가졌고, 이는 처음으로 대규모 이념 집회를 갖는 기회였다. 세르비아 전략이 크로아티아 인과 보스니아 인들이 거주하는 지역 대부분에서 '인종 청소'를 위해 점령과 강제 추방, 테러, 가혹한 대량 학살 계획에 기반했던 것은 분명하다. 그러나 밀로셰비치의 공격을 받은 쪽에서 자행한 폭력과 약탈도 그보다 덜하지는 않았다는 점도 간과해서는 안 된다.

발칸 분쟁에서는 각 분쟁 당사자마다 자신들이 과거에 지금보다 훨씬 더 넓은 영토를 점령했다는 사실을 적에게 증명하려 하면서, 상징적인 전성기를 내세웠다. 장 아르노 데랑5)이 말한 것처럼 '역사 확인 문화'가 일으킨 경쟁심이 무력 충돌로 이어지게 된 것이다.6) 드체나나 레자코빅7) 박사가 강조했듯이 민족 간 원한 감정을 극복하기 위해서는 적어도 두 가지 조건이 충족되어야 한다. 먼저 분쟁 위기의 원인과 책임 소재에 대한 모든 진실을 빠짐없이 밝혀야 한다. 진실은 감정을 정화시키는 힘이 있고, 반인도적인 범죄의 모든 책임자, 즉 결정자와 수행자 모두를 헤이그 국제 전범 재판정 앞에 세울 수 있다. 결국 진실과 정의가 평등한 권리 의식과 새로 정립된 공존의 문화를 토대로 한 화해를 가능하게 하는 것이다. 다음은 신생 국가들이 소수민족 및 인권을 존중하고, 자유 시민 사회의 원칙을 엄격히 지키는 온전한 민주 사회가 될 수 있도록 독려해야 한다.

---

5) 장 아르노 데랑Jean Arnault-Dérens은 발칸 문제 전문인 역사학자이자 저널리스트다. 옮긴이

6) J.-A. Dérens, *Balkans: la crise,* (Folio Actuel, Paris, 2000)

7) 드체나나 레자코빅Dzenana Rezakovic은 크로아티아 자그레브 출신의 심장 내과 전문의다. 현재 퍼그워시 회의 일원이기도 하며 '진실, 정의, 화해를 위한 국제 행동2000 International Truth, Justice and Reconciliation Action 2000'을 창립했다. 옮긴이

몽테뉴는『에세이*Essais*』에서 "진정한 이성은 다른 이들의 슬픔과 고통을 사라지게 하고, 참회하는 이성을 낳는다."고 말했다. 20세기 말 각 국가와 교회 차원에서 고양된 도덕의식을 보여주는 신호 중 하나가 지난 과오에 대한 공개적인 참회가 이루어지고 있다는 것이다. 바르샤바에서 유대인에게 사죄를 구하며 무릎을 꿇은 빌리 브란트, 비시 정권하의 유대인 체포와 강제 이송에 대한 프랑스의 책임을 인정한 자크 시라크, 갈릴레이의 명예를 복권시키고 반유대주의에 동조한 사실을 참회하는 교회의 모습을 볼 수 있었다. 참회는 사전에 '다시는 같은 잘못을 되풀이하지 않고, 이를 시정하려는 뜻으로 자신의 과오를 후회하는 행위'라고 정의되어 있다. 반성은 시간을 필요로 한다. 몇 세대에 걸칠 수 있는 오랜 시간과 역사가들의 철저한 조사와 협력이 있어야만 진실을 밝힐 수 있다. 그것은 이렇게 열성으로 파헤쳐진 너무 많은 진실 더미 위에 **또 하나의** 진실을 추가하고자 하는 것이 아니다. 오히려 서로 다른 국가의 전문가들 사이에 공동의 기반을 마련해, 적어도 진실에 근접할 수 있기 위해서다.

2. 그리스와 터키

참 오랜 대립 후에 봄을 맞은 프랑스·독일 관계와 겨울처럼 얼어붙은 그리스·터키의 관계는 현격하게 대비된다. 하버드의 문화인류학자 누르 얄만은 프랑스·독일 관계가 끊임없이 호전되는 그 시기에 그리스·터키 관계는 더욱 악화일로를 치달았다고 말했다. 얄만은 사이프러스 사건 이후 그리스와 터키가 '작은 냉전'이라 할 수 있는 막대한 군비 확대 경쟁에 뛰어든 것은 서로를 '악마화'하고 서로를 '인종 희생양'으로 삼은 데 따른 것이라고 강조했다. 얄만의 평가는 옳다. 그러나 양국을 강타한 지진을 계기로 두 나라의 국민이 가까워지면서 변화의 조짐이 나타났다. 더불어 이런 변화가 정치 차원으로 발전되어야 한다는 여론이 일어났다. 그리스의 외무부 장관 게오르게 파판드레우8)가 터키의 유럽연합 가입에 대한 거부권을 철회함으로써 양국 관계는 진일보하게 되었다. 터키가 유럽연합 가입 후보국으로 공식 결정된 것은 그간의 모든 불화에도 양국이 적대감을 해소할 수 있으리라는 희망을 갖게 했다. 그러나 실상 사이프러스 귀속에 관한 논쟁은 예나 지금이나 타협의 여지가 없어 보인다. 터키는 사이프러스 내 그리스 관할 지역이 유럽연합에 가입하면 터키 점유 지역 분리 독립을 언제든 공표할 태세기 때문이다.9)

---

8) 게오르게 파판드레우George Papandreou는 그리스의 외무장관을 역임했고, 현재는 사회당 당수로 지난 2004년 총선에서 신민주당에 패배했다. 옮긴이

9) 사이프러스 지역은 오스만 투르크의 후손인 터키계와 그리스계 간의 갈등이 심한 지역이다. 1970년대 초 터키가 터키 민족의 보호를 구실로 사이프러스 북쪽 지역을 침공하여 북은 터키가, 남쪽은 그리스가 지배하게 된다. 남쪽 그리스계 반발로 1993년 사이프러스를 유럽연합에 가입시키려 하자 터키는

1997년 퍼그워시 주재로 MIT 대학의 치피스 교수와 하버드 얄만 교수의 진행으로 카스텔 곤돌포 회의가 개최되었다. 이 회의에는 그리스와 터키의 많은 지식인, 작가, 군 관계자, 외교관들이 초청되어 양국의 적대적 관계에 대해 토론했다. 그리고 이 자리에서 놀라운 사실을 확인할 수 있었다. 우선 이들 사이에 개인적 차원의 존중과 우정이 존재했으며, 다른 한편 적어도 참석자들의 눈에는 사이프러스 문제를 해결하는 데 극복 불가능한 어려움은 없다는 점이었다. **필로티모**philotimo10)는 약간 손상을 입지만, 북아일랜드 사태보다 더 쉽게 풀릴 수 있을지도 모른다는 것이다. 그러나 그 뒤 북아일랜드 갈등은 (거의) 해소되었지만 에게 해의 권리와 주권을 둘러싼 갈등은 그렇지 못했다. 카스텔 곤돌포 회의 참석자들은 두 나라가 서로 신뢰를 갖고 '약간의' 긍정적인 외교 의지를 보여 주기만 한다면 공정한 협상이 불가능할 하등의 이유가 없다는 데 뜻을 같이 했다. 그러나 정확히 말하면 바로 그러한 의지가 늘 부족했던 것 아닌가?

정치적 의지만 있다면 확실히 모든 게 가능하다. 또 회사나 공동 연구 프로그램 등을 통해 양국 과학자들의 친선을 어떻게

북쪽 지역을 북사이프러스터키공화국으로 분리 독립시킨다. 유럽연합의 중재로 1996년 양국은 사이프러스 내 무력 충돌 금지에 대해 합의하고 사이프러스는 분할을 면한다. 양국의 화해로 2004년, 사이프러스는 유럽연합에 가입한다. 옮긴이

10) 그리스 인들이 중요하게 생각하는 가치로 명예심, 자부심을 말한다. 옮긴이

든 도모할 수 있다면 갈등 완화에 기여하는 바가 클 것이다. 1999년 여름, 우방 터키를 기념하는 행사 참석차 그리스 외무장관이 앙카라를 방문했는데, 단순한 방문이었지만 양국의 군과 대중에게는 매우 의미심장한 일이었다. 이런 점에서 유럽연합이 앞으로 확대할 모든 형태의 협력, 특히 과학 기술 분야와 대학 간 교류에서 이뤄지는 협력은 양국 관계를 호전하는 데 밑거름이 될 것이고, 유럽연합 전체 회원국 동의로 후보국 터키는 유럽연합 회원국이 될 수 있을 것이다.

그러나 그리스와 터키의 관계도 냉전기의 미소 관계 (물론 두 경우에 있어 위험도의 차이가 매우 크긴 하지만) 못지않게 결국 국가 간의 문제와 관련된 정치적 결정에 과학자가 행사할 수 있는 영향력이 얼마나 미미한지를 보여 준다. 과학자들의 중재는 정부가 내리는 '청신호'나 여타 지침 사항과 독립적으로 먼저 최초의 합의점에 도달하지 못한다. 과학자들이 이들 전유 덕목인 **동료 의식**, 즉 적국 동료 과학자들과 소통할 수 있는 능력만으로 분쟁을 초월해 있는 듯이, 단지 객관적 사실과 과학적 방법, 중립성만을 토대로 합의가 이루어지는 것은 아니기 때문이다.

사이프러스 사건보다 세계 평화에 더 위협적일 수 있는 핵실험 금지 조약을 둘러싼 협상들은 결국 헛된 꿈일 뿐인 환상을 보여 준다. 그 환상은 '사실'과 정부가 제시하는 목적, 숨은 의도는 별개일 수 있다는 생각을 갖게 만든다. 원거리 비밀 핵실험을 탐지하는 능력이나 향후 지진학 발전, 핵실험 탐지에 필요한 사찰 횟수에 관한 판단은 모두 정부 입장에 따라 달라진다. 과학자의 개인적 의견이 영향을 미칠 수 있는 것은 합의 도출을 위한 지식과 관련해서다. 미국과 소련이 결국 합의점에 이른 것은 과학자들의 반대나 유보적 입장, 의문과는 상관없이 양 강대국이 최종 순간에 이를 **원했기 때문이다**. 마찬가지로 나토를 비롯해 같은 지역 기구에 가입해 있으면서도 그리스와 터키 간에 빚어지고 있는 마찰도 과학자들의 논의가 정부의 공식적인 입장 안에서만 정당성을 획득할 수 있음을 보여 준다.

정부를 움직이게 할 만큼 과학자의 개입이 결정적으로 작용했던 경우는 매우 드물다. 그리고 더욱 극명한 경우는 과학자의 제안이 정부에 의해 사장되었다가, 후에 다른 상황에서는 같은 **논리**로 역이용되기도 하는 것이다. 미사일 방패 정책에 입각한 방위 전략의 변천사는 이를 단적으로 보여 준다. 미국 과학자들은 핵무기 분야에서 방위 기술은 오히려 공격 가능성을 높이고, 따라서 기대하는 만큼 국가 안보를 보장할 수 없으면서도 비용만 증가시킨다고 소련 과학자들을 설득시켰다. 이는 소련이 ABM 협정[11] 체결에 동의하는 데 중요 요인으로 작용했다. 사실 이런 논리는 소련으로서는 납득하기 어려웠다. 이들은 전통적

---

11) 1972년 미국과 소련이 체결한 탄도탄 요격미사일 금지 협정. 2001년 조지 부시 미 대통령은 이 협정 탈퇴를 선언하며 MD체제(미사일 방어 체제) 구축을 밝혔다. 러시아는 뒤통수를 맞은 셈이 되었고 미국의 군사 방어를 위한 군비 확대의 단초가 되었다. 옮긴이

으로 방위 계획에 기초한 전략을 고수해 왔기 때문이다. 톨스토이의 『전쟁과 평화』에서 묘사된 쿠투조프의 전략을 상기해 보면 알 것이다. 그렇기 때문에 미국의 소수 과학자들과 다수의 정책 결정자들이 오늘날 ABM 협정을 비롯한 이전의 모든 조약을 파기할 각오를 하고, 미사일 방어 프로그램을 제안하는 것을 보면 놀라지 않을 수 없다. 분명히 이 전략을 채택하려는 러시아 사람들의 마음을 돌려놓기 위해 그렇게 공들여 설명했던 논리는 망각한 채 말이다.

3. 북아프리카

과학자들이 할 수 있는 역할은 상당 부분 국가를 움직이는 사회, 정치 현실에 의해 결정된다. 북아프리카의 사례는 이런 사회, 정치 현실이 오랫동안 지식인들을 소외시킨 경우로, 체제가 지배하는 범위 안에서만 과학 교류와 협력을 허용한다. 국가별로 일대일의 협력 시도는 많았지만, 지속되지는 못했다. 또 민족 간 반목이 불거지면서 영토 및 해상 주권 분쟁, 정치적 선택과 관련된 갈등이 고조되었고, 특히 정치 선택은 지역 **패권**을 장악하기 위한 경쟁을 불러일으켰다.

북아프리카가 독립할 당시, 이 지역 가운데 과학자나 과학 인프라를 제대로 갖춘 국가는 단 한 곳도 없었다. 독립 후 처음

이십 년 간은 행정과 정치, 경제를 시급히 재건해야 했기 때문에 당장 필요한 기존 관료를 재활용하거나 양성하는 데만 전적으로 매달렸다. 1970년대에 이르러서야 겨우 대학 교육과 발전을 위한 별도의 노력을 쏟게 되었다. 그러나 과학자와 전문 기술인은 권력 진출과 삶의 조건에서 연구직에 비해 여건이 나은 공직이나 국립 회사로 집중되었다. 전 알제리 정부 총리인 압둘하미드 코르파Abdulhamid Chorfa는 북아프리카 국가들에서 과학 인프라와 연구 예산의 심각한 부족으로 '고급 두뇌의 해외 유출'이 빠르게 일어나고 있는 이유와 정치권에 의해 정당하게 인정받고 지원받는, 견고하고 진정한 과학자 사회가 없는 연유를 냉철하게 분석하고 있다. 이런 상황이 계속되면 앞으로 더 이상은 정치권에 영향을 행사할 수 있는 과학자를 볼 수 없게 될지도 모른다. 더구나 사회를 구성하는 정치 구조가 자유로운 공공 토론을 보장하는 열린 시민사회 성장을 억누르고 있으니 더욱 심각하다.

이와 관련해 내가 가르치는 학생 중 한 명이 알제리 엔지니어 교육 시스템에 관한 연구를 진행했는데, 그 내용이 매우 시사적이다. 독립 후 해방 전쟁에 동참하는 것만이 유일하게 '혁명적' 정당성을 인정받고 있는 상황에서, '제왕절개를 해서라도 조속히 산업 사회를 분만'하길 원하는 신생 국가의 기술 교육에 대한 절실한 야망의 역사를 보여 주고 있다.[12] 그러나 기술 연구 기관의 성장에만 집중된 역사 이면에, 우리는 호신 켈파위Hocine

Khelfaoui의 사회학적 분석이 제기한 문제점들을 본다. 사실 독립 후 지난 사십 년간 혁명의 정당성을 독점하기 위한 군부와 당, 또는 특권층(또는 이 세 주체 모두)의 과열 경쟁으로 결국 경제, 문화, 과학, 기술 할 것 없이 다른 모든 종류의 정당성이 침해당하는 결과를 낳지 않았는가? 최고 권력부의 싸움으로 초토화된 이 영역의 공백을 틈타 반개혁주의가 득세하게 된 것이다. '산업주의 패러다임'은 전문 직업인으로서의 사명보다는 위신을 위한 논리에 용해되었고, 과학에 관한 담론은 정당화되었지만, 과학의 진정한 실천은 인정되지 않았다.

호신 캘파위의 적확한 표현대로, '확실한 사회화'와 '불확실한 전문화' 사이의 방황은 장기적으로 비싼 대가를 치르게 했다. 경제 현실보다 정치적·이념적인 선택이 중시되고, 엔지니어와 전문 기술인의 양성이나 활용 같은 중요한 사안들도 정실·특혜에 호소할 때만 정당성을 인정받았다. 동시에 정치적 역할이 능력보다 더 우선시되었다. 결국 모든 것을 관장하는 조물주 같은 국가가 국가 건설의 초석이 되는 전문가들을 뒤로 밀어놓고 사회 발전 과정에 족쇄를 채운 셈이다.

개혁주의나 민족주의 할 것 없이 돌아가며 권력을 행사한 정치 분파 모두 기술 전문 능력에 대한 존중과 찬사는 표했지만, 이런 전문 능력을 갖춘 인재들과 권력 나누기는 거부했다. 그리

---

12) H. Khelfaoui, *Les ingénieurs dans le système éducatif: L'aventure des instituts technologique algériens,* (Publisud, Paris, 2000)을 참조할 것. 서문은 본인이 썼다.

고 개인이나 사회 계층의 전략적 공격으로 국가가 흔들리기 시작했을 때, 온 나라가 폭력에 휩싸이면서 사회가 전문적으로 체계화 될 수 있는 자생력은 더욱 불투명해졌다. 호신 켈파워에 따르면 과학 이념이 더 이상 사회의 동인動因이 되지 못하자, 그 자리를 종교가 대신하게 되었다. 이렇듯 한 이념에서 다른 이념으로 너무나 쉽게 전환된 것은 "서로 혼동될 수 없는 것인데도 민중이 갖고 있던 이미지 속에서 과학과 종교는 하나로 인식되었기 때문이었다." 이런 상황에서 낙담한 '산업주의자'들의 사명감이 엔지니어 학교를 근본주의자들의 전당으로 변화시킨 것이 그리 놀랄 일일까?

알제리 비극에서 가장 충격적인 것은 몇 십 년 전부터 알제리가 겪고 있는 일상화된 폭력이 점점 심해지는 반면 그 어떤 해결의 실마리도 찾기 어렵다는 점이다. 카메라 촬영도 할 수 없는 폐쇄된 영역 안에서 비극이 벌어지고 있는 것이다. 한마디로 '비어 있는 이미지'나 다름없다. 서구 사회 기자들이 마돈나나 피에타 상으로 미화한 벤탈라의 어느 알제리 여인의 얼굴 사진은 전 세계를 한 바퀴 돌면서 자신의 고향에서 벌어진 끔찍한 학살을 고발했다. 그러나 지금 이 나라 전체가 겪고 있는 일상 속의 악몽은 마치 역사 바깥의 역사인 양 외부 세계의 시선에 잡히지 않는다. 유례를 찾아보기 힘든 야만적인 상황에서 십 년 전부터 최소한 십만 명이나 목숨을 잃었고, 2001년에는 초반기에만 사망자 수가 이미 천여 명에 이르고 있다. 역사학자 벤자맹 스토라[13])는 이런 야만적인 만행은 논리적으로 설명이 될 수 없다고 지적하면서 '보이지 않는 전쟁'이라고 말한다. 1950년대의 독립전쟁을 훨씬 더 거슬러 알제리 민족 심리 기저에 깔려 있는 '전쟁 문화'를 바탕으로 한, 보이지 않는 전쟁이라는 것이다. 스토라는 이렇게 썼다.

"민간인에 대한 극악한 범죄에 대해 알면 알수록 이들이 고수하는 정치 의미는 더욱더 혼탁하게만 보인다."[14]

전문가의 영역

냉전과 퍼그워시 회의를 통해 얻은 경험과 결과는 과학자들이 결정에 영향을 미칠 수 있고 분쟁을 완화하거나 해소하는 데 이바지하는 등, 여하튼 정치 협상의 단초를 마련할 수 있다는 점을 명백하게 보여 준다. 그러나 이는 **본연의 위치**에서 과학자만이 가지는 특성은 아니다. 핵무기와 관련된 별도의 중대 사안들의 경우 정치학자, 사회학자, 법학자, 문화인류학자, 경제학자, 역사학자, 신학자와 같은 인문과학을 대변하는 지식인들도

---

13) 벤자맹 스토라(Benjamin Stora, 1950~)는 알제리 출신의 사회학자이자 역사학자로, 현재 파리 대학에서 북아프리카 역사와 프랑스의 식민지 역사에 대해 가르치고 있다. 옮긴이

14) B. Stora, *La guerre invisible, Algérie années 1990,* (Presses de Sciences-Po, Paris, 2001)

개입했다. 그리고 이들 중 '병행 외교'의 방법에서 과학자 못지
않게 효과적인 조정 능력, 인맥과 능력을 과시하는 '중재자',
또는 '주선자'가 있었고, 지금도 많다. 이때 과학자가 아닌 중재
자들이 보여 주는 자질이 어떤 면에서 자연과학의 고유한 방식
(반론, 의문, 반대 실험에 개방적이며, 합리적, 비판적인 검토)을 내재하고 있는
가? 이 의문은 아직 이에 대한 과학적 연구가 없었던 만큼 언제
든 누구에게든 열려 있는 주제다.

　구체적인 예로 유럽 단일 체제 건설을 위해 장 모네가 했던
정책이 그 실용적 방식에서 과학적 모형에 부합한다고 말할
수 있다. 즉 유럽석탄철강공동체로부터 공동시장을 형성하고,
농업 분야의 합의에서 과학 산업 협력, 더 나아가 유로화의 도입
까지 유럽 단일 체제 수립 과정에서 국지적인 각 단계가 정해져
있었다. 또 이 단계들이 경험과 교훈이 되어 새로운 협력 분야를
유도하고, 궁극적으로 정치 통합을 이루는 데 활용되었다. 또
다른 면을 보면 이런 테크노크라시(기술 지배) 방식은 한계가 있
다. '기능주의적 논리'는 항상 각 국가의 다양성 및 경쟁 심리와
충돌을 빚기 마련이다. 이런 점들 때문에 여전히 정치 통합은
진행 중이다. 스탠리 호프만[15]이 오래 전 통합의 '기능주의적'

---

15) 스탠리 호프만(Stanley Hoffman, 1928~)은 미국의 저명한 국제 정치학자. 프랑
　　스에서 유럽 정치사를 공부했고 하버드 대학에서 유럽 관련 국제 정치학
　　전문 교수로 있다. 저서로 『새로운 유럽 공동체The New European Community』
　　(1991), 『인도주의적 개입의 윤리학과 정치학The Ethics and Politics of Humanitarian

개념을 비판하며 언급한 바와 같이, "과정(프로세스)이 정책이 아닌 것처럼 절차가 목적이 될 수는 없다."[16)

자연 법칙을 발견해 응용하고 조작할 수 있는 주체이자 또 물질세계의 기술 혁신자로서(특히 무기 개발 분야에서) 과학자가 소유한 전문 능력만으로 과학자가 '중재자'의 자격을 부여받는 것은 아니다. 지식인, 예술가, 금융가, 변호사, 배우 등 다른 분야의 전문가들도 역사적 사건의 흐름에 결정적인 영향력을 미칠 수 있었고, 실제로 그랬다. 무너진 베를린 장벽, 바로 그 발치에서 첼로를 연주하던 로스트로포비치[17)를 보라. 로스트로포비치는 서구 사회를 비추는 창과도 같은 역할을 했고, 그만큼 공산주의 해체를 앞당긴 것이다. 또 작가와 예술가들이 저항과 반체제 운동, 서구 지식인들과의 교류(검열과 경찰의 감시, 그리고 온갖 협박에도 불구하고)를 펼침으로써, 동서 진영 간 대결 구도를 **전쟁 없이 청산**하는 데 미친 공헌은 실로 이루 말할 수 없다.

이와 관련하여 '프라하의 봄'과 '77 그룹'을 비교하지 않을 수 없다. 프라하의 봄은 권력의 측근이었던 라도반 리히타[18)를

Intervention』 (1997) 등 다수다. 옮긴이

16) D. Durbale, *La civilisation et l'atome,* (Editions du Cerf, Paris, 1962)

17) 로스트로포비치(Mstislav Rostropovich, 1927~)는 카잘스가 극찬한 러시아 출신의 첼리스트. 모스크바 음악원 교수였으며 소련에서 인권 운동을 펼치던 솔제니친을 옹호한 죄로 추방당했다. 미국으로 망명한 뒤 베를린 장벽이 무너졌을 때, 그 앞에서 연주했다. 옮긴이

18) 라도반 리히타(Radovan Richta, 1924~1983)는 체코슬로바키아 출신의 철학자

중심으로 결성된 과학자 모임에서 부분적으로 영향을 받았다. 그러나 이들 과학자 모임은 체제 전복보다는 체제 개혁을 선호했다. 반면 바츨라프 하벨[19]이 이끈, 자유와 인권 수호 투쟁 단체인 77 그룹은 하벨 자신이 작성한 선언문과 문학작품으로, 극장에서, 또 소설로써 아파라칙의 권력에 치명타를 가했고, 결국 이를 무너뜨릴 수 있었다. 전자의 과학자들은 개혁의 방안으로 '과학적 방법론'의 미덕을 계속해서 고수했고, 후자는 억압에 맞선 시민 사회의 의식화, '염증', 결의에 모든 것을 걸었다.[20] 이를 두고 프라하의 봄이 일어난 당시 1968년은 아직 때가 아니었고, 브레즈네프는 고르바초프가 아니지 않느냐고 말할 수 있다. 그러나 바로 이럴 때 네메시스는 인간의 계산속을 갖고 장난을 친다. 행동하기 때문에 다른 어떤 순간보다도 **더 유리한 순간**이 찾아오는 것이다. 그리고 잊지 말아야 할 것은, 때마침 시의적절한 상황이 주어지면서, 역사적 사건 발생과 **동시에 우연**

로 1963년 『우리 시대의 인류와 기술의 혁명*Man and Technology in the Revolution of Our Day*』을 출간하면서, 1960년대의 철학에 처음으로 기술을 화두로 삼은 새로운 철학 영역을 개척했다. 육체노동이 정신노동으로 대체되는 사회 현상을 일컫는 말로 '기술 진보Technological Evolution'라는 용어를 만들어 냈다. 옮긴이

19) 바츨라프 하벨(Vaclav Havel, 1936~)은 시인이자 극작가로 벨벳 혁명이라 불리는 체코슬로바키아의 공산주의 체제 붕괴를 이끌어 대통령으로 취임했다. 옮긴이

20) R. Richta, *La civilisation au carrefour: Implications sociales et humaines de la révolution scientifique et technique,* (Académie des sciences, Praha, 1967)

히 이를 이끌고 주도할 수 있는 '위인'이나 영웅이 탄생한다는 점이다. 국가 지도자나 위대한 외교관을 만드는 이런 기회를 포착하는 것은 결코 과학의 질서로 가능한 일이 아니다. 오히려 그리스 인들이 말하는 **카이로스**kairos에 의한 것이다. 운명이 결정되는 망설임과 주저하는 순간, 그 선택이 유리할 수도 있고 동시에 치명적일 수도 있는 미결정의 순간인 것이다.

전후 서구 유럽이 겪은 경험이 그 좋은 예다. 일단 연합군은 매우 신속하게 독일 재건을 도왔고, 학생과 지식인의 교류도 지원했다. 베르사유 조약 때의 실수와 비용을 지워 버리려는 의지였다. 이 모두 소련이 가하는 위협 때문에 쉽게 이뤄진 면도 있다. 다른 한편 로베르 슈망과 독일 정치가들을 설득해 '초국가적' 집행기구(ECAC를 필두로 일정 목표까지)를 창설한 장 모네의 탁월한 수완은 국가 간 중재자tertium quid 역할을 톡톡히 했다. 또 궁극적으로 유럽 통합을 보장하기 위한 공동 협력 사업을 통해 수세기에 걸친 묵은 갈등의 근원을 희석하는 외부적 힘으로도 작용했다. 한마디로 요약하면 이 같은 성공을 위해서는 **사전에** 기술적인 시도(장 모네)와 정치·외교적 동의(슈망과 아데나워)가 필요했던 것이다.

결론적으로 우선 평화를 이루거나 전쟁을 피하려고 하는 **정치적 의지**가 없다면 아무것도 가능할 수 없다. 프랑스·독일 화해의 토대가 없었다면(모네의 정책 후에 드골과 아데나워 조약이 뒤를 이었다) 유럽연합도 없었을 것이다. 또한 다음으로 두 파트너 중 어느 한쪽이라도 정치적 연대 의식이 없었다면 유럽연합은 지속되지 못했을 것이다. 오늘날 유럽연합의 강령과 유럽 협정의 일부 조항은 각국 법보다 우선한다. 경제적으로 통합된 유럽은 아직은 정치적으로 통합된 유럽은 아니다. 연방제와 주권국가 사이의 승부는 아직 결판이 나지 않았다. 그렇지만 유럽통화와 공동 방위처럼 전문 분야의 새로운 협력이 확대되고 있다. 이는 결코 무시할 수 없는 중요한 변화다. 정치적 미래는 불확실하지만, 움직이는 하나의 경제 유럽이 존재하고 있는 것이다. 그러나 하나의 정치 유럽도 많은 문제들과 선입견을 극복해 나가면서 매일 새롭게 만들어지고 있다.

유럽의 통합 과정은 미국 연방제의 성립 과정과 매우 다르다. 언젠가 연합체의 유럽이 만들어지더라도 결코 미국식 모델을 본뜬 체제는 아닐 것이다. 즉 하나의 국가 형태지만 그 안의 각기 다른 회원국들은 고유의 문화와 언어, 역사적 특수성, 헌법 체계를 포기하지 않기 때문이다. 그러나 이런 이유로 정치적으로 유럽은 분열되리라고 생각해서는 안 된다. 가령 대규모의 기술 프로그램을 시행하려 할 때, 결정을 내리기까지 회원국 간 논의가 오랜 시간이 걸리지만, 일단 결정이 내려지면, 진행 과정은 번복할 수 없게 된다. 그리고 많은 경우(에어버스, 아리안, 떼제베TGV 등) 훌륭한 성과를 냈고, 미국의 프로그램들보다 더 높은 수익을 거두며 성공했기 때문이다.

무엇보다도 국가 간 분쟁에서 대화를 재개하려면 대립 원인에 대해 외부적이며 중재자 입장에 있는 '제3자'에 의존(베트남전쟁 때의 퍼그워시 회의, 아프리카 지역 분쟁에서 산 에지디오 단체)하게 된다. 그리고 정치적 여건이 이를 **받아들일 준비가 되어 있어야 하고** (서아시아 문제의 경우 인티파다 운동이 부활하고 캠프 데이비드 협상은 교착 상태였지만 오슬로 협약 체결로 희망을 갖게 되었다.), 다른 한편 상대의 잘못을 따지면서 회담을 시작하지 말아야 한다. 무엇보다도 일단 '상대의 악마화'를 피해야 하는 것이다. 샤론Sharon과 아라파트 사이에서 오간 절망적인, 또 절망감을 주는 대화를 보면 이를 잘 알 수 있다. 서로를 악마로 비난한 덕에 남은 것은, 모든 식민지 전쟁에서 보아 왔던 테러와 테러 진압 과정에서의 힘의 논리뿐이다. '힘에 의한 평화'를 끝까지 고수한다면 당연히 끝없는 복수를 해야 할 것이고 끝없이 과거 테러리스트(아니면 이들의 계승자)를 색출해야 할 것이다. 그렇다고 해서 과거의 기억을 지워 버리라는 말은 아니다. 프랑소아 퓌레[21]가 '프랑스 혁명의 목적'에 대해 남긴 말을 빌려 표현해 보면, 역사는 절대 '냉각'되지 않기 때문이다. 과거의 기억은 항상 그 자리에 있고 어느 순간이든 오해와 상대에 대한 거부를 불러일으킨다. 개인과 사회는 역사의 한 페이지를 끊임없이 되새긴 후에야 비로소 다음 장으로 완전히

---

21) 프랑소아 퓌레(François Furet, 1927~1997)는 프랑스 사회학자이자 역사학자로 아카데미 프랑세즈의 회원이었다. 프랑스 대혁명을 재해석한 수정주의파의 거장이다. 저서로는 『프랑스 혁명을 해석하다Interpreting the French Revolution』 (1978), 『맑스와 프랑스 혁명Marx and the French Revolution』 (1986)이 있다. 옮긴이

넘어갈 수 있다.

또한 화해의 길로 가기 위해서는 진실과 정의를 위해 노력해야 한다. 분명 시간이 걸리겠지만 우선 '카타르시스' 정치와 반성의 노력이 요구되는 것이다. (서독은 이를 실행했다. 그러나 오스트리아는 나치 시대에 대해, 일본은 아시아에서 벌인 정복 전쟁과 강탈 행위에 대해, 터키는 아르메니아인 학살에 대해 반성하지 않았다.) 이 점에서 미래는 일정 부분 인문학자들의 손에 달려 있다. 다른 누구도 아닌 과거의 대립에서 기인한 선입견과 왜곡, 고정관념에 젖어 들기를 거부하는 역사학자들의 몫인 것이다. 독일과 프랑스가 시도한 바와 같이 (어느 정도 성공적이었다.) 역사 교과서의 공동 집필은 분명히 화해를 촉진하는 수단이다. 발칸 반도에서도 이 모든 노력들을 행해야만 하고 또 할 수 있을 것으로 기대한다. 그로써 민족 간 원한의 불씨를 끌 수 있기를 바란다.

합리성에 기초한 공통 영역

앞서 본 것처럼 이제 국가 간 갈등을 완화하는 데 일정 역할을 담당하는 **자연과학자**들의 능력에 대해서 우리는 겸손할 필요가 있다. 이들 중 대다수가 향후 발생 가능성 있는 분쟁에 신무기를 도입할 능력을 가진 점을 무시할 수도, 축소할 수도 없는 만큼 더욱 그렇다. 다른 한편으로는 사회과학과 인문과학자들이 '서로 다른 문화와 차이의 대화'(역사 교과서를 함께 재검토하는 일에서부터 연구자, 출판과 연구 기관 교류에 이르기까지)에서 수행하는 역할을 과소평가해서도 안 된다. 과학 체제의 '이상적 모형'이 상대국의 정치계와 사상에 영향을 미치려면, 모든 협력 활동이 자국의 이익뿐 아니라 공동의 이익도 도모할 수 있다는 점을 보여 주면서, 공동 프로그램을 통한 교류와 협력 관계를 강화해야 하는 것이다. 이 같은 협력의 반례로 북아프리카의 경우를 들 수 있다. 과학 체제의 정당성도 없었을 뿐더러, 정치적 결정에 영향을 미칠 수 있는 시민사회도 없었기 때문에 민주적인 비판이나 일관적인 공동 프로그램 실행을 제안할 만한 온전한 공간이 없었다.

요젭 로반의 말처럼 제2차 세계대전과 냉전의 경험은 전쟁이라는 수단을 거치지 않고서는 민주주의의 평화를 지키고 안착시킬 수 없음을 확실히 확인시켜 주었다. 평화주의는 이상적인 태도지만 외부에서 공격을 받는 즉시 약점, 달리 말하면 무력함을 노출하고 만다. 그렇다면 나치와 공산주의 이후로 전쟁이라는 수단이 새로이 등장한 모든 종류의 위협과 분쟁까지도 감당할 수 있을까?

사실 전 지구적인 차원의 문제들, 즉 불평등의 심화, 인구 증가, 환경문제(오염, 물 부족, 대도시 집중화 등) 등과 연관된 미래의 엄청난 분쟁들이 전쟁터에서 치명적인 방법으로 해결이 될 수 있을지는 확실치 않다. 오히려 전 세계 차원에서 과학 기술 노력을 한데 모아 이런 문제들로 야기되는 새로운 형태의 분쟁을 예방

해야 할 것이다.

이처럼 미래의 분쟁들은 과학 기술이 아무리 발달해도, 오히려 그 발달이 원인이 되어 군부와 정부의 허를 찌를 수 있다. 이는 꼭 중세 유럽을 뒤흔들었던 무슬림 종교 조직, '아사생 Assassins'처럼 등장할 수 있다. 이 이슬람 종교 조직의 역사에 대해 쓴 버나드 루이스[22])의 책을 보면, '불량 국가'나 마약 마피아들의 테러 행위가 큰 칼을 휘두르며 중세 유럽을 침입한 이슬람 테러리스트들의 행위와 크게 다르지 않다는 점을 알 수 있을 것이다.[23]) 버나드 루이스는 아사생(이들이 복용했던 해시시에서 현재 프랑스어의 '살인자'라는 뜻을 가진 '아사생Assassins'이 유래되었다.)들이 조직을 갖고 있고 동시에 이데올로기를 공유했다는 점에서 세계사 최초의 테러리스트로 볼 수 있다고 말한다.

수세기 동안 이들은 근동 지역과 전 유럽에 걸쳐 군주, 관료, 왕국, 무슬림 사제나 기독교 사제, 심지어 신학자들까지 공격 대상으로 삼았다. 철저하지 못한 신앙의 타협과 부패, 이들이 누리던 특권을 비판하면서, 자신들의 종교만을 설파할 지역에 대한 주권을 요구했다. 프레데릭 바베루스, 리샤르 쾨르 드 리

---

22) 버나드 루이스(Bernard Lewis, 1916~)는 영국 출신의 역사학자로 프린스턴 대학교의 교수로 재직했다. 서아시아 역사와 서구 문명과 연관된 중동 문제 전문가로, 2001년 9·11 테러 이후 저서 『이슬람 분노의 뿌리*The Roots of Muslim Rage*』이 세간의 관심을 끌면서 더욱 유명해졌다. 옮긴이

23) B. Lewis, *Les Assassins: Terrorisme et politique dans l'Islam médiéval,* (Berger-Levrault, Paris, 1982)

옹과 살라딘[24] 모두 다 여러 차례 이들의 테러에 희생물이 될 뻔했다. 21세기의 테러리스트들은 과학의 발달과 함께 돈을 위해 자신의 재능을 파는 연구자들의 도움 덕분으로 중세 살인자들의 칼과는 달리, 더욱더 '첨단화된' 무기를 소유할 수 있게 되었다.

마찬가지로 각국의 군비 확대 경쟁은 기술 최강국들이 더 위협적인, 무적의 신무기 개발을 위해 어느 정도까지 비이성적으로 지식을 착취할 수 있는가를 여실히 보여 주었다. '세계 최대 규모의 비밀 생물학무기 개발 프로그램을 지휘했던 인물' 인 켄 알리벡[25]이 최근 증언한 내용을 보면 이와 관련, 일부 과학자들의 문제의식이 얼마나 취약한지를 새삼 깨닫게 된다.

"내 연구 결과가 사람들을 죽이는 데 이용될 수 있었다. 그렇지만 그 같은 사실과 연구가 주는 희열을 어떻게 타협시켜야

---

24) 프레데릭 바베루스Frédéric Barberousse, 리샤르 쾨르 드 리옹Richard Coeur-de-Lion, 살라딘Saladin 모두 중세 십자군 전쟁의 영웅들로, 프레데릭과 리샤르는 제3차 십자군을 이끈 군주들이다. 살라딘은 무슬림 군대를 지휘했고, 예루살렘을 탈환한 무슬림의 영웅이다. 옮긴이

25) 켄 알리벡(Ken Alibek, 1950~)은 1992년 미국으로 망명한 러시아 생물학자다. 1970년대와 1980년대 구소련의 바이오프레파라트Biopreparat에서 생물학전에 이용될 치명적인 병원균 개발에 참여한 책임자급 과학자였다. 1991년 생물학무기 사찰을 위해 미국을 방문한 것을 계기로, 바이오프레파라트 계획의 위험성을 인식했다. 망명 뒤 이를 폭로하며 저서 『생물 재해Biohazzard』를 통해 생물학전의 위험성을 경고했고, 현재 미국의 한 연구소에서 생물학전 방어에 대해 연구하고 있다. 옮긴이

할지 알 수 없었다."26)

정말 과학자의 **이중 구속**이 내포한 복잡한 심연을 압축하고 있는 말이다!

반대로 할 말은 하는 과학자들이 있다. (알베르트 허쉬만의 저서 『탈출, 항의, 그리고 충성Exit ,Voice, and Loyalty』에서 지향하는 것처럼) 그로 인해 반체제의 길을 가거나 과학자로서의 경력을 포기하거나 희생을 당할 수도 있다. 우리는 여기서 궁극적으로 어떤 이유와 양심을 계기로 군수산업을 위해 일하던 일부 과학자들이 연구를 그만두거나, 동시에 평화 운동가로 변신하게 되는지 궁금하다.27) 또는 더 나아가 왜 일부 과학자들이 사안의 속성상 특별히 과학과 관련이 없는데도 과학(그리고 과학자)으로부터 어떤 특수한 답을 기대하는가에 대해서도 의문이 들 수 있다. 과학자가 여타의 직업들보다 중재자로서 더 많은 능력을 갖는다고 기대하는 것, 이는 합리성의 힘을 과신한 나머지 나타나는 지나친 신뢰와

---

26) K. Alibek, S. Handelman, *Biohazard: The Chilling True Story of the Largest covert Biological Weapons in the World-Told from Inside by the Man who Ran it,* (Delta, New York, 2000)를 참조할 수 있다. 또 M. F. Perutz가 2000년 4월호 『*The New York Review of Books*』지에 『생물학무기의 위협*The Threat of Biological Weapons*』이라는 제목으로 이 책 내용을 요약했다. 미국은 냉전을 계기로 원자폭탄의 방사선에 노출된 부대원들을 대상으로 실험을 시작했다. 더 심한 경우는 플루토늄 방사선에 노출된 어린아이들까지 실험 대상으로 이용했다. E. Welsome, *The Plutonium Files, Randome,* (House, New York, 2000)에서도 관련 내용을 접할 수 있다.

27) 나의 저서 『과학, 전쟁과 평화』 중 '공포와 양심Terreur et scrupule'을 참조할 것. (Economica, Paris)

낙관론의 표시가 아닐까?

이에 대해 단 하나 확실한 답은 아마도 과학, 과학자 집단, 과학 체제가 없는 곳에서는 절대로 개인 및 단체, 국가 간 관계에서 **합리성으로 소통할 수 있는 공통의 영역이 아무데도 없다는 것이다.** 여기서 중요한 문제는 공통 규칙의 부재보다는 상호 의사소통할 수 있는 공통의 언어가 없다는 것이 문제다. 현재 알제리에서 일어나고 있는 비극이 그 극단적인 예다. 민간인 학살은 바로 공권력까지 가세한 집단적 광기에서 비롯되는 테러 행위다. 그러나 반대로 과학의 합리성이 작용하고 있는 곳이라고 해서 정치계에서 '상대의 악마화'가 없다거나, 과학자의 전문 능력을 악용하지 않는다는 보장은 결코 없다. 세르비아의 경우나 20세기에 빈번히 발생했던 수많은 분쟁들을 보면 이를 알 수 있듯이.

사실 평화를 사랑하는 과학자들도 있지만, 양차 세계대전과 냉전을 거치면서 '매파 과학자'들이 훨씬 많으며, '비둘기파 과학자'들에 비해 권력층에서 더 막강한 영향력을 발휘하는 것을 볼 수 있었다. 반세기 전에 작성된 유네스코 헌장에서는 평화와 인간의 존엄성, 인류의 지적, 도덕적 연대를 위해 무엇보다도 교육과 문화, 과학의 확대가 필요하다고 강조하고 있다.

"전쟁이 인간의 정신에서 발생하듯이 평화 수호의 정신을 고양시키는 것도 인간의 정신 안에서다."

평화 수호를 위해 과학은 분명 중요한 역할을 하고 있다. 그러나 과학만이 평화를 수호하는 것은 아니다. 과학의 역할은 또 스스로 부여하든, 남들이 부여하든 전쟁 도구들을 개량하고 증식시키는 데도 일조하고 있는 만큼 더더욱 **양면적**이다.

　방위 체계 연구 활동의 미래를 다룬 『오늘의 물리학*Physics Today*』 최근호와 시드니 드렐의 서문만 읽어도 냉전 후 군수산업이 퇴조할 거라는 꿈은 순식간에 날아가 버린다. 혹은 프란시스 후쿠야마의 신비적인 이론에 대해 반론하고자 할 때, 위에 예시된 글을 읽어 보라. 미국의 자유주의와 제국주의의 승리, 군사 개입으로 치닫고야 마는 새로운 분쟁들은 순수하기 그지없는 '역사의 종말'에 대한 환상을 깨뜨린다. 시드니 드렐은 앞으로 과학 기술 발전이 풀어야 할 과제와 미래에 대한 약속을 나열하면서, 이를 위해 새로운 세기에는 그 어느 때 보다 과학의 기여가 더욱 필요하다고 보았다. 과학은 해결의 근원이면서 동시에 군 수뇌부의 상상이 잉태할 새로운 문제의 원인이 될 수도 있는 것이다.

　시드니 드렐은 "국가 안보의 이해관계와 관련해서 과학 기술에 부여된 과업은 끝이 없다."고 근사하게 쓰고 있다. 미사일 방어 프로젝트, 핵실험 금지 조약으로 조기에 노후화, 무효화될 위기에 처한 핵폭탄 관리, 갈수록 정확해지는 위성 탐지 네트워크, 순항 미사일과 자동화된 무기 중심의 미래 '사이버 전쟁'을 원거리에서 조종하는 데 필수적인 더 복잡해진 명령, 통제, 커뮤니케이션 시스템 등에 이르기까지, 시드니 드렐은 과학 기술의 발전으로 과학 연구와 연구자의 재능에 열려 있는 '흥분되는' 가능성을 열거하는 데 그치지 않는다. 그는 신기술을 군사적 목적으로 응용하는 것으로만 끝나지 않고, 과학자들에게 당면한 새로운 도전에 대해서도 강조하고 있다. 그것은 이제 과학을 이용해 가장 파괴적인 신무기의 **사용 금지**를 체계화할 수 있는 방법도 모색해야만 한다는 것이다.[28]

시드니 드렐은 이렇게 말했다.

"심한 단순화일 수도 있겠지만, 제1차 세계대전은 화학 폭발물과 무기 발전 기술이 대대적으로 사용되어 화학자들의 전쟁으로 간주된다. 제2차 세계대전은 레이더와 핵무기가 중요한 역할을 했기 때문에 물리학자의 전쟁으로 불렸다. 이제 남은 것은 생물학자들의 차례인데, 정말로 끔찍한 전쟁이 될 것이다. 히로시마와 나가사키 원폭 투하 이후 55년이나 지난 뒤에야 확립된 핵무기 비사용 원칙과 유사한 형식의 생물학 무기 금지 기준이 국제적으로 마련되지 않는다면 말이다."

한마디로 과학자들이 할 일이 많다는 것이다. 과학계가 탐구하고, 다루고, 알아야 할 지적, 군사적 문제들이 어마어마하게 산적해 있다. 이 사실이 연구 예산 삭감으로 시름하는 과학자들을 안심시킬 것도 분명하다. 사용이든 금지든 두 경우 모두가 약속하는 연구 활동의 미래는 확실히 **신명나는** 미래임에 틀림없

---

28) S. Drell, *Physics Today*, 'On Physics and National Security' (2000)

다. 어찌됐든 20세기보다 결코 적지 않을 갈등이 기다리는 21세기 역사를 준비하고 예비해야 할 것이다.

미래의 전쟁

미래의 전쟁을 다룰 때 아무런 희망도 가질 수 없는 것처럼 생각할 필요는 없다. 폭력에 의존하는 국가나 민족, 부족, 인종, 종교 집단, 또는 마피아의 행위에 제동을 걸 수 있는 능력을 갖추고, 전 세계 차원에서 의무와 협상을 강제할 수 있는 국제사회는 앞으로도 절대 없을 것이라면, 오히려 전쟁과 '공생'할 길을 모색해야 할 것이다. 다시 말해 과학의 자원과 과학자의 재능을 활용해 대비해야 하는 것이다. 칸트의 말처럼 전쟁은 '인간이 완벽해지기 위해 필수불가결한 것'이고, 국제사회가 폭력을 지양하고 조금씩 진보하려면 전쟁을 치르지 않을 수 없는 것이다.[29] 20세기에 일어난 그 모든 폭력 사태들과 전쟁을 겪은 후,

---

29) 칸트의 『역사철학』중 '인류 역사의 기원에 대한 추측' (서광사). 칸트는 "전쟁에 대한 지속적인 두려움 때문에 국가수반들이 인류 전체를 생각하게 되는게 아닐까." 하고 결론짓고 있다. 이런 사실은 중국의 경우를 생각해 보면 알 수 있다. 중국은 강력한 적에게 예상치 못한 공격 위협을 받아 본 적이 없기 때문에 "모든 자유가 사라졌다고 볼 수 있다. 따라서 전쟁은 인간이 이룩한 문화를 더욱 완벽하게 하는 데 필수적인 수단이다. 그리고 (신만이 그때를 알겠지만) 이 문화가 완전히 완성된 후에야 항구적인 평화가 우리를

세계 시민사회(국제사회만 있는 것이 아니다.) 개념과 함께, 인권 존중을 위한 개입 의무를 확인하고, 반인도적 범죄에 대한 국제 재판 기소가 거의 모든 국가에서 합법적으로 인정되었다. 이런 변화 덕분에 세계 시민권(국제법에 반대하여)에 대한 화두가 재조명받고 있다. 상대적일지도 모르지만 평화 문화의 정착으로 가는 이러한 성과를 무시해서는 안 된다. 세계의 통합이나 세계 제국(이것도 사실 독재적일 수 있다.)이 부재한 상황에서, 전쟁이 인간의 역사, 또는 인간 본성의 한 부분이라는 사실은 여전히 남으니까.

프란시스 후쿠야마가 역사의 종말을 예고한 것은 정말 성급했다. 후쿠야마는 공산주의 자멸 이후 자유민주주의가 승리하고 세계 전쟁의 위험이 사라지게 되면서, 헤겔이 꿈꾼 역사의 종언과 세계 사회의 권태와 비루함에 허우적대는 니체의 '최후의 인간'이 동시에 실현될 것이라고 주장했다. "역사는 현대 자연과학이 종말을 고하지 않는 한 끝날 수 없다."[30]는 사실을 알면서도 (순진한 것인지 아니면 교양이 부족한 것인지 모르겠지만) 이러한 예언을 말하는 것은 많은 의문을 제기한다. 후쿠야마는 또 한 번 다음과 같이 예언했다.

"앞으로 2~3세대가 가기 전에 사회문제 엔지니어들이 실패

반길 것이고 이런 점에서 이는 충분히 가능할 것이다."

30) 『로스앤젤레스 타임스*Los Angeles Times*』지에 실린 후쿠야마의 'Second Thoughts: The Man in a Bottle' (1999), 또 후쿠야마의 원전 번역서 『역사의 종말』(한마음 신서, 1997)을 참조할 것.

했던 부분을 성공시킬 수 있는 기술과 지식을 보유하게 될 것이다. 이 단계가 되면 인간의 역사는 종지부를 찍게 될 것이다. 인간이라는 존재 자체를 폐기 처리할 것이기 때문이다. 그리하여 인간 이후 새로운 역사가 시작될 것이다."

이와 같이 바그너의 비장한 생명의 멸몰을 앞두고 있다는데도 자연과학은 종말과는 거리가 멀기만 하다. 그리고 왜 자연과학이 종말에 이르게 되는지 이해도 안 된다. 역사는 더 찬란히 계속되고 있고, 미국의 미래 전쟁 비전과 전략의 토대인 '군사 혁명(Revolution in Military Affairs, RMA)'을 가장 현대적인 시각에서 숙고할 수 있는 것도 자연과학의 발전 때문이다. 본래 '군사 혁명'이란 표현은 1920년대와 1930년대 소련의 전략가들이 **산업** 전쟁의 조건에 대해 연구하면서 유래했다. 소련의 붕괴 이후 이제는 미국이 빌려 와 새롭게 바꿔 **과학** 전쟁의 새로운 조건에 대해 논할 때 사용하고 있다. 역사의 아이러니, 또는 암묵적인 동조라 아니할 수 없다.

이 두 경우에서(산업 전쟁과 과학 전쟁) '군사 혁명' 개념은 맑스주의 표현대로 전쟁 방식은 사회 진화와 불가분의 관계가 있음을 보여 준다. 과학, 경제의 발전과 사회 구조 사이의 상호 작용이 양적인 측면뿐 아니라 질적인 측면에서도 군사 기술의 변화를 가져오는 것이다. 1993년 이래 앨빈 토플러는 혁명을 통해 이어지는 세 가지 전쟁의 물결을 제창했다. 신석기 혁명으로 시작된 농경 사회의 전쟁, 산업혁명의 여러 단계를 거치며 야기된 산업

전쟁의 물결, 정보 통신 혁명이 가져온 현재 진행 중인 정보
전쟁의 물결이다. 미 국방부 차관 존 도이치의 적극적인 후원하
에 수많은 연구 단체들이 '군사 혁명 프로젝트Revolution in Military
Affairs Project'에 투입되어, 신기술이 국지전의 조직과 작전에서 어
느 정도의 파급 효과를 갖는지 측정했다. (정보 기술, 생명공학 기술,
신소재 기술 및 위성 네트워크와 통신 기술)[31]

　미소 대결이 종식되면서 새로운 미래 전쟁 규모와 조건도
모든 측면에서 변화했다. 더 이상 러시아에 대한 핵무기 시스템
이 경고 상태를 발동할 일은 없다. 어느 쪽에서든 선제 핵공격의
위협은 일소되었지만, 소련에 맞서기 위해 조지 캐넌[32]이 적극
옹호했던 **견제 방어** 정책은 이제 '불량 국가'와 테러리스트들을
대상으로 적용되고 있다. 이와는 별도로 **견제** 정책을 잇는 새로
운 정책으로써 대통령 국가 안보 자문관인 앤소니 레이크Anthony
Lake가 제안한 '**확대 정책**'이 있다. 확대 정책이란 냉전 종료 후
불확실해진 세계는 민주주의와 시장 경제 질서로 재편되어야
하고, 누가 될지 모르는 적과의 사이에 일어날 수 있는 분쟁에서
미국의 기술적 우위를 지속적으로 유지한다는 원칙에 기초한

---

31) S. Metz, J. Kievitz, *Strategy and the RMA: From Theory to Policy*, (SSI Washington,
　　1995), J. S. Nye, W. Owens, *Foreign Affairs*, "America's information Edge" (1996,
　　75권 2호)

32) 조지 캐넌(George Kennan, 1904~)은 대학에서 러시아를 전공한 뒤 미 외교부
　　에서 활동하며 구소련 대사를 역임한 소련 문제 전문가였다. 옮긴이

전략적 입장으로 대응한다는 것이다. 이러한 기조하에 과학 연구는 냉전 때보다 군수산업과 더 밀접하게 결탁하게 된다.

　여러 시험을 통해 미래에 이런 시스템이 가능하다는 사실을 증명한다 해도 (아직은 요원한 미래의 얘기다.) 미국의 영토를 보호하기 위한 미사일 방어 시스템이 백 퍼센트 실효가 있다고 볼 수는 없다. 어떤 과학자들은 기껏해야 10퍼센트 정도의 성공률로 진단하기도 한다. 무수한 미사일 공격과 유도 공격에 대응한 미국의 '사전 방진方陣'은 그만큼 매우 취약하다. 그런데 오늘날 도대체 어떤 적이 그런 선제공격을 생각한다는 것일까? 오히려 이 때문에 대륙 간 미사일 방어 시스템의 개수와 거리를 제한하는 ABM 조약에 매우 충실한 러시아와 유럽 국가들까지 군비 확대에 다시 뛰어들게 될 수도 있다. 반대로 이지스 시스템33) 개발은 더 긍정적으로 보인다. 이는 중거리 미사일 공격에 대항해 중요 작전 지역과 항구 같은 상륙 지역을 보호하려는 시스템이다. 일단 외견상 ABM 조약을 부인하지 않으면서도 최전선에 방어 커튼을 둘러 대륙 간 미사일 방어 안보에 도움을 준다.

　구축함이나 잠수함에서 발사되는 기존 폭탄을 탑재한 순항

---

33) 이지스Aegis 시스템은 그리스 신화에서 제우스가 딸 아테네에게 선물한 방패 이름을 딴 것으로 대공방어는 물론이고, 대함전, 대잠수함 작전, 탄도 미사일 요격 등의 방어 기능을 갖춘 시스템이다. 제3차 중동(서아시아) 전쟁, 포클랜드 전쟁을 통해 적국의 소형 함정이나 항공기에서 발사되는 중거리 요격 미사일이 대형 구축함을 폭파할 정도로 위협적임을 인식하면서 개발했다. 옮긴이

미사일을 절대적으로 우선시하는 태도는 미국이 전 지구를 포위하는 작전 무기 체계를 보유하려는 의도가 있음을 확실히 반증한다. 그와 동시에 미국은 미사일 기술 제한 체제를 도입한 미사일 통제 기술 체제(MTCR)[34]부터 억지 논리에 따라 힘의 균형 유지를 보장하는 ABM 조약에 이르기까지 그간 체결한 조약을 파기할 태세다. 이러한 작전 무기류들은 핵무기는 아니지만 전각 방어를 위한 것으로, 가공할 위력과 사정거리, 속도, 소형화, 정확도, 스텔스 기능을 기본적으로 갖추고 있다. 이런 작전 무기 시스템 경쟁은 냉전 종식 이전에 체결된 군비 축소 조약 체제를 무효화할 수도 있는 위협이다. 사실 이 조약들 중 상당수가 아직도 비준을 거치지 못한 상태로 조약 체제 자체가 매우 취약하기도 하다. 미소 양국에 의해 조정되던 힘의 균형 시대를 뒤이어, 이제는 기술 지배를 이용해 미국이 의도적으로 조성한 힘의 불균형 시대가 오는 것이다.

정보 기술을 지배한다는 것은 원거리에서 실시간 관찰과 감시, 정확한 측정, 유도와 조준을 조정하는 능력에서 압도적인 우위를 갖는다는 것이다. 따라서 위성과 폭격기, 순항 미사일,

---

34) Missile Technology Control Regime의 약자. 미사일 확산 방지를 위해 1987년 4월 16일, 미국, 독일, 영국, 이탈리아, 일본, 캐나다, 프랑스 등 서방7개국(G7)에 의해 설립된 다자간 협의체다. 5백 킬로그램 이상의 탄두를 3백 킬로미터 이상 발사할 수 있는 미사일, 무인 비행체 및 이와 관련된 기술의 확산 방지와 핵·화학·생물학 무기 등 대량 파괴 무기를 발사할 수 있는 장치의 수출을 억제하는 데 목적이 있다. 옮긴이

무인 정찰기 같은 시스템을 이용해 적에 심각한 피해를 입히면서도, 자국 군대는 적의 공격권에서 벗어날 수 있다. 대량 산업 전쟁에서 정확한 명중과 국지전이 가능한 정보 전쟁으로 이행하는 것이다. 이러한 정보 전쟁은 C3, 즉 통신communication, 지휘 command, 통제control 시스템에 달려 있다. 무기 체계 개발과 마찬가지로 이러한 전쟁 개념도 이제는 국립 군수 기업보다는 민간 기업에 더 의존한다. 이 점도 쿠웨이트 전쟁에서 깨닫게 된 사실 중 하나였다. 일부 무기, 특히 패트리어트 미사일의 전자 부품 공급에 대해 미국이 일본 기업의 기술 발전에 의존한다는 사실을 인식한 것이다. 민간 연구소는 군사 분야와 민간 분야 양측에 응용 가능한 '이중' 기술로 제작된 무기를 공급한다. 그렇게 함으로써 무기류에 즉각 이용 가능하면서 동시에 시장에서도 충분히 팔릴 수 있는 것이다. 국가 산업은 더 이상 무기 및 무기 부품 생산에서 민간 분야와 (비용과 제품의 질에서 모두) 경쟁할 수 없다.

중장비 무기(탱크, 항공모함 같은 대형 군함)가 하향에 접어들면서 군수산업은 민간 분야의 연구와 생산에 의존하게 되었다. 동시에 군사 고위 조직 내에서도 과학, 경제 교육이 필수적이 되었다. 이 교육을 통해 고위 장성들은 전장에서 신기술을 어떻게 이용할 것인지를 예측할 수 있을 뿐 아니라, 군수산업의 정보화를 이루고 경영 성과를 알 수 있다. 이런 의미에서 과학 전쟁은 더 이상 단지 군대를 위해 일하는 연구자들의 전쟁만이 아니라,

연구 현황에 대해, 아니면 최소한 연구실에서 나오는 기술 개발의 조건에 대한 교육을 받은 군인의 전쟁이기도 하다. 그리고 과학자와 기술 관료 양성의 요람인 파리 이공과 대학의 새로운 변화는 바로 대학과 군수산업의 현장에서 일하는 과학자들 모두 연구 활동을 통해 기술 관료의 역할을 하고 있다는 점이다.

미래 전쟁은 또한 적과 적의 종류도 명확히 규정되지 않은 채 어떤 수단을 선택할 것인지에 관한 전략이 세워져 있다. 다시 말해 적은 어디에나 존재하므로, 첨단 기술 혁신을 꾀할 수 있는 경제력을 갖춘 모든 적이 가상의 적이 되는 것이다. 정보 전쟁은 전쟁터에만 국한되는 것이 아니고, 작전 행위 영역, 즉 전쟁에 수반되는 모든 분야를 벗어난 외부 영역에서도 펼쳐진다. 경제, 기술, 매일 접하는 미디어 경쟁 등 여기저기에서 진행 중이다. 이렇게 볼 때 전쟁은 더 이상 클라우제비츠의 말처럼 다른 수단을 통한 정치 추구 행위가 아니다. 이제는 새로운 전략 패러다임의 요체인 모든 정보 수단을 동원한 전쟁 추구 행위, 또 정치 추구 행위 자체가 된다.

미국이 꿈꾸는 전략 목표는 펜타곤 고위 자문관인 합참의장 오웬스가 최근 펴낸 책 제목처럼 모든 전쟁이 태생적으로 내포한 '불확실성'을 제거하는 것이다. '전쟁의 불확실성'은 클라우제비츠가 사용한 유명한 표현으로, '어떤 전쟁이든 절대 사전 리허설을 할 수 없기 때문에 그 결과가 불확실하다'는 점을 가리킨다.[35] 기술적인 우위를 갖고 있기 때문에 미국은 자신들이 미래의 모든 전쟁에서 국제 경찰 노릇을 해야 한다고 생각한다. 과학 맑스주의가 전성기를 구가하던 시절, 군사 혁명을 제창했던 소련조차 전쟁 기술이 하나의 과학이 될 수 있다고는 주장하지 않았다. 그러나 과학 기술에 도취되고 세계 패권 지배에 눈이 먼 조지 부시(부시 주니어)의 미국은 모든 전쟁의 불투명성을 일소할 수 있고, 전 세계 질서를 미국의 구상대로만 재편할 수 있다고 착각한다. 꼭 알카텔 사의 사장이 '공장 없는 회사'를 꿈꾸듯 미국 펜타곤의 전략가들은 전투 없는 전쟁과 승리를 열망하고 있다.

조지 부시의 미국은 경무기류부터 핵무기까지 포함한 일체의 군축 노력에 소홀할 뿐만 아니라, 이전에 조인한 조약들을 파기하려고, 화학·생물학 무기와 마찬가지로 대인 지뢰 사용금지 조약 체결에도 참여하려 하지 않는다. 이 같은 일방주의는 군사 문제뿐 아니라 경제 문제에서도 우선적으로 적용되는 전략이다. 지구 온난화 방지를 위한 교토 협정 거부, 핵무기 실험을 금하는 전면핵실험금지 조약(CTBT) 철회와 미사일 방어 프로젝트 같은 것들이 군사 선택과 경제 문제를 절대 분리하지 않는 전략적 입장에서 나온 것이다. 이런 모든 점에서 새로운 백악관 내각은 대부분의 우방국들 사이에서 스스로 고립을 자초하는 데 전혀 개의치 않고 오히려 이런 독단주의가 고립주의가 아님

---

35) W. Owens, *Lifting the Fog of War*, (Farrar, Straus and Giroux, New York, 2000)

을 강하게 자신한다. 자국의 이해와 관련해서 우방국들의 이익에는 무관심한, 아니 오히려 반하는 경제·군사 강대국이 등장한 것이다.

미국은 우드로 윌슨의 제국주의 이상주의와 테오도어 루스벨트의 현실적 제국주의 사이를 오간다. 양쪽 모두 헤게모니를 쥐려는 야망의 수단으로 과학과 기술을 이용해 미국의 꿈을 완성하는 데 세계를 동참시키려 한다. 윌리엄 퍼프[36]가 최근 말한 것처럼 "아무리 선하게 남아 있으려 해도 미국을 위험한 나라로 만드는 것은 유토피아적인 충동이다."[37] 이는 분명 선수를 두거나 실시간 강제적인 행위로 지배하려는 위험한 야심을 반영하는 것으로 두 가지 위험을 안고 있다. 우선 힘의 맞수이기도 한 우방국들을 불안하게 만든다. 우방국들은 미국 최고 군부가 보유한 모든 정보 소스에 접근할 수 없고, 미국의 다른 가상의 적과 함께 미국 작전 단계 네트워크Echelon 감시에 포함되기 때문이다. 또 하나는 보스니아 내전과 코소보 내전처럼 적과의 직접 교전에서 입는 피해는 고스란히 우방국들의 지상 병력의 몫으로 남아 있다는 것이다.[38] 그 때문에 오랫동안 정작 유럽

---

36) 윌리엄 퍼프William Pfaff는 『인터내셔널 헤럴드 트리뷴』의 고정 칼럼니스트로, 미국의 핵 개발이 다른 국가들의 핵 억지를 야기한다고 비판했다. 옮긴이

37) 2002년 봄 『Commentaire』지 94호에 실린 퍼프의 "De l'hégémonie américaine"를 참조할 것.

38) A. Joxe, Le Débat stratégique américain, 1994~1995: révolution dans les affaires militaires?, (CIRPES, Paris, 1995)

자신의 방위를 위해 한 일이 거의 없다는 따가운 질책을 받은 유럽이 공동 방위 구상에 나선 것이다. 그러나 이는 즉각 나토의 그늘과 미국의 이익에서 벗어나 독자적인 '성벽'을 쌓는다고 비난받고 있다.

　냉전이 야기한 것과 비슷한 대치 시나리오는 이제 더 이상 통용되지 않는 구식임에는 틀림없어 보인다. 그러나 미국과 소련이 과거에 대치했던 것처럼 미국과 중국 사이의 충돌이나, 세계 패권의 야망을 되살린 러시아가 유럽을 위협하며 다시 미국과 격돌하게 되는 상황을 충분히 상상해 볼 수 있다. 그리고 부시 행정부의 제국주의 전략은 미국이 새로운 냉전의 경쟁에 돌입할 수도 있다는 생각을 분명히 갖게 한다. 페르 우부[39]처럼 미국은 '힘의 균형' 시대보다 더 앞을 내다보기 힘든 국제 질서의 혼란을 야기하면서까지 오직 자신들만의 법, 방식, 이념만을 강요하려 한다. 그러나 내일의 갈등 상황이 과거 그대로 반복되리라는 법은 없다. 어떤 군사 문제도 과거 상황에 의해 야기된 선택 안에 구속되지 않기 때문이다. 또 북한, 이라크, 이란, 리비아와 같은 '불량 국가'들의 대륙 간 탄도 미사일 공격에 대해 미국이 두려움을 느낀다고 보기는 어렵다.

　세계화 시대에 미국은 미사일과 위성으로 구축한 최후 방어

---

39) 알프레드 제리(Alfred Jarrys, 1873~1907)가 쓴 연극 『위뷔 왕』의 주인공 이름이다. 권력과 부를 위해 반란을 꾀하고, 수많은 사람들을 숙청하는 잔혹하고 어리석은 인물이다. 옮긴이

선 같은 미사일 방어 보호책을 원하는 동시에 지상과 우주에서 절대적인 군사 우위를 확보하려 하고 있다. 로마의 군대도 3백 여 년간은 로마제국을 지킬 수 있었지만, 결국 이민족의 기습을 막아 내지 못했다. 미사일 공격에 대비하는 미사일 방어 우산 속에 있지만, 어쩌면 미국의 성스러운 자국 영토가 공격받는 일이 정말 벌어질지도 모른다. 그것도 핵무기보다 훨씬 싸고 단순하지만, 파괴적인 무기의 공격에 의해서 말이다.

4장 문화적 존재

"내일이면 아마도 이들 중 몇은 힘든 고뇌 끝에 지식 추구는 순수하고 단순한 모험만은 아님을 깨달았던 사실조차 잊을지도 모르겠다. 비록 권력의 목적을 지식이 추구하는 목적으로 견인하기 위해 기울인 노력이 헛되게 되더라도, 이 과학자들은 적어도 과학의 명예를 지키는 데 공헌한 것이다."

                                           - 장 자끄 살로몽

4장 문화적 존재

　가빈 드 비어[1]의 책 『과학은 전쟁을 치른 적이 없었다』만큼 국제과학연맹의 황금기를 가장 잘 묘사한 책은 없을 것이다. 그렇지만 가빈이 분쟁을 초월한 협력의 예로 든 사례들은 한번 따져 볼 필요가 있다. 우선 영국과 신생 미국이 팽팽한 긴장 관계였던 시대에 벤저민 프랭클린이 쿡 함장에게 부여했던 유명한 통행증(나도 이 책의 첫머리에 언급했다.)은 실제 쿡이 이미 사망한 뒤라 써 볼 기회도 없었다. 동시대 영국의 플린더[2] 함장은 니콜라 보댕[3]이 이끌던 호주 해안 프랑스 탐사단을 도와주기도 했다. 그러나 영국으로 귀항하던 플린더는 프랑스 군함에 체포되

---

1) 가빈 드 비어Gavin de Beer는 영국의 생물학자이자 진화론자. 옮긴이
2) 플린더(Matthew Flinders, 1774~1814)는 호주 연안을 처음으로 탐사한 영국의 탐험가다. 호주에 영어 이름 오스트레일리아Australia를 처음 지어 준 인물이다. 옮긴이
3) 니콜라 보댕(Nicolas Baudin, 1754~1803)은 프랑스의 탐험가로 1800년 르 제오그라프Le Géographe와 르 나튀랄리스트Le Naturaliste, 두 탐사선을 이끌고 호주 연안을 탐사했다. 옮긴이

어 7년 동안 전범으로 수감 생활을 했다. 가빈 드 비어는 이를 두고 '역사의 아이러니이자 프랑스-영국 문화 교류사의 어두운 단면'[4]이라고 쓰고 있다.

그렇지만 플린더가 체포된 것은 프랑스의 보복 조치의 일환이었음을 명확히 알아야 한다. 왜냐하면 그 전에 프랑스 탐사선 두 대 중 하나인 르 나뛰랄리스트Le Naturaliste 호가 과학 탐사의 결과물을 싣고 회항하던 중, 영국이 발급했던 통행증이 있는데도 포획된 적이 있었기 때문이다. 물론 영국과 프랑스의 적대감이 최고조이던 시기에 제너[5]가 자신의 영향력을 이용해 양국에 붙들려 있던 과학자들을 귀환시킨 것은 사실이다. 그러나 나폴레옹 정복 전쟁이나 그 후 여러 교전 동안 이뤄진 포로 교환에서 과학자만 풀려난 것은 아니었다.

나폴레옹 전쟁 때 프랑스 국립과학연구소에서 강의하며, 숨을 거두기 전까지 연구에 헌신하고 상도 받았던 험프리 데이비[6]의 예는 환상조차 갖게 만든다. 그렇지만 상대 교전국에서 베푸는 이런 '호의적인 중립'은 과학을 특별히 존중해서라기보

---

4) G. de Beer, *The Sciences Were Never at War,* (Nelson and Sons, London, 1960)의 책을 참조할 것. 그리고 A. W. Frutkin, *International Cooperation in Space,* (Prentice Hall, 1965), 이 책은 드 비어가 든 일례들의 한계를 짚고 있다.

5) 제너(Edward Jenner, 1749~1823)는 영국의 의학자이자 생물학자다. 당시 무서운 전염병이었던 천연두 백신 원리를 발견, 백신을 개발했다. 옮긴이

6) 험프리 데이비(Humphrey Davy, 1778~1829)는 영국의 화학자로 중요한 화학 연구로 산업혁명에 많은 기여를 했다. 옮긴이

다는 과학이 적국에 가져다주는 힘이 어떤 것인지 잘 모르거나 그다지 큰 의미를 둘 정도가 아니었기 때문이다. 오랫동안 국제 과학 관계는 정치적 개입이나 의무에 좌우되지 않았다. 우선 과학이 개인 차원의 일로 간주되었고, 더 본질적인 이유는 각기 다른 국적을 가진 연구자 사이의 협력은 주로 서신이나 출판물, 또는 방문 교환에 머물렀기 때문이다. 19세기 중엽 전까지만 해도 연구나 연구 수단을 위해 연구 팀, 더욱이 국제적인 조직을 필요로 할 정도는 아니었다.

또 더 평범한 이유로는 당시 과학이 사활을 걸어야 할 만큼 중요한 수준이 아니었기 때문이다. 이론 발견에서 실제 응용에 걸리는 시간이 너무 길었고, 또 응용 자체도 매우 한정적이었다. 따라서 당시 과학은 힘과 독립의 원천, 원자재나 에너지원 확보 처럼 외교 사안에 영향을 미치고 받는 요인으로써, 하나의 '국가 자본'으로 인식되지 못했다. 실제 1914년 제1차 대전이 발발 했을 때 러시아 대제는 고유 권한을 발동하여 크리미아에서 일식을 관측하던 독일 천문학 연구 팀이 관측을 마칠 수 있도록 허용했고, 자유롭게 고국으로 돌아갈 수 있게 해 주기까지 했다.

감시 대상이 된 과학자

과학의 실용이 아직은 요원하던 때, 비밀 스파이로부터 연구실을 보호할 필요가 없던 때, '고급 두뇌 사냥'이 대대적으로 이뤄지지 않던 때, 또 외교관과 병사, 첩자 같은 이중적 지위를 가진 과학자를 상상조차 할 수 없던 때가 행복한 시절이었다. 제2차 세계대전부터 과학은 국가 '안보상 기밀'과 관련된 중대사가 되었다. 그에 따라 이론적인 경향이 강한 일부 연구조차 지원하면서, 과학자와 연구실 감시, 과학자 교류 통제, 일부 연구 결과에 대한 검열을 시작하게 되었다.

　냉전 시기에는 서구 진영에서도 이런 통제 조치들이 급증했다. 미국을 보면 특히나 매카시즘 열풍 속에 단지 파시즘 반대 운동에 참여했다는 것 외에는 뚜렷한 증거도 없이 '국가 배신'의 의심을 받은 일부 과학자들이 희생양이 되었다. 이들은 연방 정부의 모든 지원을 박탈당했고 연구실에서 축출되거나, 심지어 (데이비드 본7)의 경우) 해외로 망명해야만 했다. 물론 매카시즘으로 고통받은 것은 과학자 집단만이 아니었다. 배우, 시나리오 작가, 영화감독, 작가 또는 교사들이 공산주의에 가담했다거나 충성했다는 의심을 받고 기소되었다. 이들은 여론에 영향을 끼칠 수 있는 사람들이었고, 과학자들은 국가 안보를 위협하는

---

7) 데이비드 본(David Bohn, 1917~1992)은 아인슈타인의 친구이기도 했던 미국의 물리학자다. 천재성과 감성적인 직관력으로 물리학에 접근한 이론 물리학자다. 1950년대 매카시 열풍의 희생자로 미 정보부가 요구한 동료 과학자들에 대한 진술을 거부한 것이 원인이 되어 유물론적 시각을 가졌다는 누명을 쓰고 교수직 파면과 함께 미국에서 추방되었다. 이후 브라질, 이스라엘 등 여러 국가를 전전하다 영국 런던 대학을 마지막으로 은퇴했다. 옮긴이

배신 행위를 할 수도 있다는 공포감을 조성할 정도로 실질적인 힘을 소유했기 (또는 그런 힘을 소유했다고 믿어졌기) 때문이었다.

또 미국은 많은 유럽 과학자들의 방문을 금지했다. 미카엘 폴라니[8]는(이 과학자는 골수 반공산주의자였는데도) 교수직을 맡을 수 없었고, 알프레드 캐스틀러Alfred Kastler나 쉐인E. B. Chain, 게오르게 헤베시George Hevesy와 같은 미래의 노벨상 수상자들은 미국에서 열린 과학 세미나에 참석할 수 없었다. 소련과의 문화 교류 조직에 이들의 이름이 올라 있다거나, 이들 중 일부가 자크 모노Jacques Monod[9]처럼 전쟁 동안 공산주의자였다는 명목으로 입국이 거부된 것이다.

그러나 미국에서도 매카시즘의 히스테리에 맞서 '마녀 사냥'의 폐해를 비난하며 반기를 든 연구 기관들이 있었다는 사실을 인지할 필요가 있다. 캘리포니아 대학 보수 성향 교수들이 충성 서약의 강요에 반대하며 사직서를 제출한 것이다. 한편 워싱턴 대학 총장은 교수 위원회가 오펜하이머를 초빙해 학회를 개최하려 하자 이를 거부했다. 오펜하이머에 대한 조사가 종결된

---

8) 미카엘 폴라니(Michael Polanyi, 1891~1976)는 헝가리 출신의 과학자이자 철학자로, 과학과 정치의 관계에 천착했다. 옮긴이

9) 자크 모노(Jacques Monod, 1910~1976)는 프랑스의 생화학자다. 세균의 유전 현상을 연구하여 효소의 합성을 제어하는 유전자(오페론)의 존재를 확인하고 구조를 해명한 오페론설을 주장했다. 이후 노벨 생리·의학상을 수상하였다. 생명 발생의 우연성을 주장한 저서 『우연과 필연Chances and Necessity』(1970)은 세계적인 관심을 일으켰다. 옮긴이

후 대부분의 과학자들이 편파적인 결정이라고 비난했음에도 핵폭탄 기밀에 대한 접근권을 완전히 박탈당했기 때문이었다. 과학사학자인 로렌스 배대쉬[10]가 썼듯이 냉전 상황에 의해 "저항 운동은 결국 미진하게 끝났고 개인의 자유는 국가 안보에 의해 뒷전에 밀렸다."[11] 레이건 프로젝트의 '전략 방위 구상'인 '스타워즈'도 마찬가지였다. 1984년 '우려하는 과학자들의 모임Union of Concerned Scientists'이 결성되어 **'스타워즈의 허구**The Fallacy of Star Wars'를 고발하며 무기 경쟁 촉발의 위험을 강도 높게 비판했다. 그러나 이 저항 운동은 무기 제어에 관한 논쟁에 이미 참여했던 군사 전문가와 과학자, 정치학자와 언론인으로만 제한되었다.

　냉전은 종식되었지만 과학에 대한 통제와 감시는 끝나지 않았다. 군사 스파이에 대한 공포는 산업 스파이에 대한 공포로 대체되었다. 1970년대 이후부터 레이건과 부시 대통령 시절의 미국 정부는 '미분류 항목에 속하는' 주제를 다루는 학회에서 자료 발표를 막고, '상업적 이용 가치가 있는' 기술에 관한 공개

---

10) 로렌스 배대쉬Lawrence Badash는 물리학을 전공한 뒤 예일 대학에서 역사학 박사 학위를 취득한 역사학자로, 캘리포니아 대학에서 과학의 역사를 가르쳤다. 과학과 사회의 관계, 과학의 역사 문제를 다룬 책을 많이 썼다. 『과학자와 핵무기 개발Scientists and the Development of Nuclear Weapons』 (Humanities Press, 1994). 옮긴이

11) 이 시기에 대한 분석과 자료들을 보려면 『미네르바Minerva』에 소개된 L. Badash의 "Science and McCarthysm"을 참조할 것. (38권, 2000)

학회에 일부 외국인 과학자의 참여를 제한하기 시작했다. 심지어 '안보상 기밀'과 아무 상관이 없는 연구를 수행하던 대학 연구소에까지 외국인의 접근을 막았다. 이제 '경제 전쟁'을 동반하는 세계화라는 새로운 정세 속에서 관건은 더 이상 이념이 아닌, 경제이자 전략이었다. 미국의 경쟁 우위를 약화시킬 수 있는 **첨단 기술** 정보는 적뿐 아니라 우방국들까지 접할 수 없도록 해야 하는 것이다.

로렌스 배대쉬의 지적처럼 이런 조치들이 미국 과학계에 가져온 역효과, 장기적으로 외국의 과학 성과를 접할 수 없게 되면서 미국 연구 시스템이 일종의 '결핍'에 시달린 것에 대해 자문해 볼 필요가 있다. 그러나 동시에 국가 전복의 가능성에 대한 경고를 떠나, 매카시즘의 히스테리가 오히려 긍정적인 효과를 갖기도 했다. 상당수 미국 과학자들이 과학자의 사회적 책임에 대해 더 진지하게 자각하게 되었다는 것이다. 더 이상 '상아탑' 안에만 머무를 수 없었던 과학자들은 국가 안보와 무기 제어, 지나친 간첩 수사로 위협받는 시민의 자유 문제 같은 정치적 논쟁에 개입하게 되었다. 외국 과학자들과의 자유로운 의견 교류에 대한 억압으로 기초 연구의 자주성과 발전 자체가 위협받을 수 있기 때문이었다.

"학회 모임이나 출판 목적만을 갖고 있던 과학 단체들이 사회 변화를 추구하는 조직이 되었다. 개인별로 또 집단 차원에서 미국 과학자들은 탄도 요격 미사일(1969~1970), 전략적 방위 구상(스타워즈, 1983), 미사일 방어 체제와 같은 기술적 내용을 포함한 정치 문제뿐 아니라, 베트남전쟁 반대는 물론이고 평등에 관한 법안 수정을 비준하지 않은 미국에서 과학자로서 회의를 개최할 수 있는가, 같은 더 포괄적인 정치 문제에 대해서도 발언하기 시작했다. 물론 언젠가는 더 광범위한 정치 참여가 어떻게든 일어났을지도 모른다. 그러나 당시 이렇게 활발한 정치적 토론이 있었기에 이처럼 새 시대가 앞당겨 도래한 것이다."[12]

고르바초프 개방 시대에서도 서구 과학자들과 자유롭게 소통할 수 없었던 소련 과학자들이나, 특히 지금도 여전히 국제회의에서 '정치 경찰'의 감시하에 있는 중국 과학자들의 처지를 보면서, 정치·전략 논쟁에 개입하기를 주저하지 않았던 미국 과학자들의 마음은 한결 편안해질 것이다. 로렌스 배대쉬의 말대로 미국 과학자들이 성숙할 수 있었던 것은 매카시즘 덕분이었다.

과학과 인권

과학자들 가운데 양심 때문에, 또는 단순히 사회적 책임을 느껴

---

12) L. Badash의 위 자료 참조.

자발적으로 평화를 위해 일하거나, 고민하는 이들이 매우 적다는 사실을 상기할 필요가 있을까? 사실 과학자들 중 자신들이 독점하고 있는 지식의 궁극적인 목적이나 다양한 사회 문제에서 자신들이 할 수 있는 역할에 대해 심각히 자문하는 과학자는 드물다.

이런 점에서 펜타곤 산하 첨단 방위 기술 연구소 책임자였고 동시에 핵무기 감축 운동가인 허버트 요크는 자신의 주장을 가진 위대한 과학자다. 요크는 과학자는 두 가지 부류가 있다고 말한다. 우선 그가 '기술 낙천주의자'라고 부르는 과학자들은 "신지식과 신기술을 창출하는 것을 무엇보다도 가장 중요한 일"로 여기는 과학자들이다. 반면 자신들의 연구가 불가피하게 선의를 위해 쓰이지 않을 수도 있다는 회의를 갖는 염세주의자들이 있다. 전자는 후자의 주장이나 생각이 시간 낭비이자 전문 직업인 자세가 결여되어 있고, 과학자의 소명을 왜곡하는 것이라고 여긴다. 후자는 자신들의 발견이나 연구 성과의 사용에 대해 자문하면서 과학자의 직분을 넘어서고, 때로는 자신의 경력을 걸고 이를 비판하는 발언을 하기도 한다.[13]

이에 관해 나는 낙천주의와 염세주의 사이를 가르는 뚜렷한 경계가 있다고는 절대 생각하지 않는다. 나의 책 『과학과 정치』에서 제안한 구분이 더 타당성이 있다고 생각한다. '과학자'는

---

13) H. York, *The Advisors: Oppenheimer, Teller and the Superbomb*, (Freeman, San Francisco, 1976)

직업적 측면에서 본다면 고도로 전문화된 기술 능력에 의해 규정되고, '과학 지식인'은 전문성 확보 이상의 지적·도덕적 의무를 인식하여 기술 지식을 초월하는 능력으로 규정된다. '과학 지식인'은 오늘날 엔지니어를 포함해 대부분의 연구원들을 (물론 엔지니어와 과학자를 구분하기가 점점 모호하긴 하지만) 일컫는 과학자에 비해, 매우 보기 드문 종species이라고 할 수 있다.

박사 논문 주제에 대해 함께 토론하던 중 조르주 캉귈렘George Canguilhem이 제안한 표현을 빌리자면, 과학 지식인은 **문화적 존재**다. 즉 단순히 과학을 알고 행할 뿐 아니라 과학을 인류에게 주어진 하나의 문제로써 생각하는 존재다.[14] 그러나 여러 기술인들처럼 대부분의 과학자들은 '영혼도 의식도 없는' 과학의 수행자일 뿐이다. 양심은 이들의 몫이 아니고, 많은 수가 장사꾼과 다를 바 없이 행동한다. 정치권력의 지원을 받으며 자신의 관심 분야를 연구하여, 그것이 히틀러나 케네디의 이익을 위해 쓰인 베르너 폰 브라운Werner von Braun의 경우처럼 말이다. 피에네뮌데에서 아폴로 로켓을 발명한 베르너는 V-2 로켓 공장에서 줄무늬 죄수복을 입고 강제 노동을 하던 도라 수용소의 유대인들에게 아무 변명도 할 수 없을 것이다. 나치의 준군사조직 SS 대원들과 농담을 주고받으며 교수형을 구경하던 것에 대해서는 더더욱 할 말이 없을 것이다. 기술에 대한 개인적인 야망

---

14) 나의 저서 『과학과 정치』를 참조할 것. (Seuil, Paris, 1970; 재편, Economica, 1989)

외에는 어떤 신념도 없이 그는 유럽에서 미국으로 능력을 원하는 곳이면 어디든 옮겨 갔다. 그 자신도 여러 차례 말하곤 했다. 엉클 조도 엉클 샘도 아니고 "내가 정말 원하는 것은 오직 부자 삼촌이다."[15]

그래서 과학자를 자신의 발견 때문에 뜻밖의 반향과 원치 않았던 파장의 함정에 빠지는 초보 마법사라고 말할 수 있다. 그렇지만 새로운 무기 체계 개발과 발전을 위해 일하는 연구자들의 경우는 결코 선무당 같은 초보 마법사가 아니라, 알 것 다 아는 진짜 마법사다. 과학의 진보가 안겨 준 눈부신 기술 혁신이 갖는 속성 때문에 이제 이런 문제는 국방 연구 분야에만 국한되지 않는다. 생물학 연구 분야에서도 핵무기 연구에서 나타난 문제점들이 그대로 재현되고 있는 것이다. 과학과 군부의 관계는 한 번도 좋게 평가된 적이 없다. 그래서 사실 더욱 대부분의 과학사학자들은 둘의 관계를 다루는 데 거북함을 내비치곤 한다. 알렉스 롤런[16]의 표현처럼 마치 호전적이고 군사적인

---

15) 앞서 제시된 허버트 요크의 책에서 이 인용문을 찾아 볼 수 있다. 폰 브라운이 유대인 사형에 참관했던 사실은 1971년 『르 몽드』지에 페르 카르도넬Pere Cardonnel의 증언을 실은 "Werner von Braun et les matricules 21000 de Dora" 특집 기사를 참조하면 된다. 이와 관련된 자료들은 다음과 같다. Jean Mialet, *Le Déporté: La haine et le pardon*, (Mialet éditeur, Paris, 1993), Max Dutilleux, *Le camp des armes secrètes: Dora-Mittelbau*, (Editions Ouest-France/Memorial, Rennes, 1993), E. de Galzain, J. Cardonnel, *Dora: Souvenirs d'avenir*, (Editions Golias, Lyon, 1994)

16) 알렉스 롤런Alex Roland은 듀크 대학의 역사학 석좌 교수로, 미국의 우주 항공

성향의 사람들이나 그런 문제를 다뤄야 하는 것처럼 말이다. 아니면 역사를 서술할 때 페스트와 페스트가 미친 영향을 어쩔 수 없이 인정해야 하는 것과 같은 식으로 여겨졌다.[17]

유엔 인권선언을 창안하고 기초한 르네 카생[18]이 말년에 행한 연설은 과학을 평화와 분쟁 해소의 동인으로 기대하는 환상을 지우게 만든다. 그는 실제로 많은 경우 인권선언이 제대로 준수되지 않는 경우가 많다고 말하면서, 과학 발달 **자체**가 인권 향상에 걸림돌이 될 수 있다고 여겼다.

"진정한 인권 존중을 막는 여러 장애들을 제거하려 할 때 제기되는 수많은 문제들 중에서 가장 시급하고 중대한 문제는 바로 과학 발전과 인권 향상의 관계에 관한 문제다."[19]

프로젝트에 반대하고 우려를 표명했다. 옮긴이

17) A. Roland, *Military Enterprise and Technological Change*, "Technology and War: A Bibliographic Essay" (MIT Press, Cambridge, 1985)

18) 르네 카생(René Cassin, 1887~1976)은 유대인 출신의 법학자로 파리 임시 망명 정부의 요인이었고, 전후 제네바의 국제 연맹 회의와 군축 회의에 프랑스 대표로 참석해 활동했다. 1944년에 국제연합 교육과학문화기구(UNESCO) 설립에 참여했으며, 1945년~1952년에는 유네스코 프랑스 대표로 참석했다. 1946년~1968년에 국제연합 프랑스 대표를 지내면서 유엔 인권위원회의 의장으로 활동했고(1947~1948), 인권선언을 기초했다. 인권선언 비준 20주년 기념일인 1968년 12월 20일에 노벨 평화상을 수상했다. 또한 시오니스트였던 르네는 유대인의 권리를 위해 활동한 운동가로서 프랑스에 있던 이스라엘인 동맹의 의장으로도 활동했다. 유엔 인권선언에 대한 지대한 공헌을 인정받아 1987년 탄생 백주년을 맞아 프랑스의 위인들만이 묻히는 파리의 팡테옹으로 유해를 옮겨 안장되었다. 옮긴이

이 연설은 체제에 순응하지 않는 정신과 함께 통찰력이 돋보인다. 체제와 타협하지 않는 태도라니, 그러나 계몽주의 시대를 계승한 합리주의자인 우리들의 눈에 과학이 그 속성상, 필연적으로 인권 개선의 도구가 될 수 없다는 사실이 모순으로 느껴지지 않는가?

과학에 대한 우상을 깨는 이 연설의 첫 부분에서 르네 카생은 규범적인 관점에서 16세기와 특히 17세기부터 근대 과학과 실험의 자유, 관용 정신의 발전이 인권의 기초를 다지는 데 크나큰 기여를 했으며, 이를 바탕으로 프랑스와 미국의 인권선언, 그리고 마침내 유엔 인권선언에서 이를 열거하고 비준하게 되었다는 것을 강조했다. 계몽주의 시대의 진보, 인본주의와 합리주의의 만남, 그리고 결론적으로 지식의 발달, 이 모든 것이 인권 존중으로 나아갔다는 것이다. 어쩌면 서구 합리주의 역사의 정수라 할 수 있는 이 주장에 어느 누구도 반대할 생각을 못할 것이다. 어떻게 '과학은 예나 지금이나 항상 인간에게 행복을 주는 원천'이라는 관점에 반대할 수 있겠는가? 인권선언에 나열된 권리는 대부분 카생의 말대로 "그 내용과 준수 방식면에서 지난 세기에 발견된 주요 과학 법칙의 결실에서 직접적인 수혜를 누렸다." 비록 불평등이 사라지지 않았고, 특히 '늘어나는 세계 인구의 3분의 2가 영양실조에 시달리고' 있지만, 그

---

19) R. Cassin, *Impact: Science et société*, "La science et les droits de l'homme" (UNESCO, Paris, 1972)

렇다고 해서 '과학 지식인의 창의성이 부족'해서라고 원망할 수는 없다. 인권 존중을 가로막는 유일한 걸림돌이 있다면 자원 분배의 불평등이거나 일부 국가들이 '자국민들을 물질적으로나 지적으로 그 좁은 국경 안에 가둬 두려는 의도'를 갖고 있기 때문이다.

칸트 철학에 깊이 뿌리를 둔 이 같은 논리는 교육과 마찬가지로 과학도 자연 상태의 전쟁 문화에서 이성의 공유에 기초한 평화 문화로 인류를 이끄는 역사 흐름에서 긍정적인 촉매 역할을 한다는 생각에서 기인한다. 칸트는 인권 존중처럼 평화도 도덕적으로 필요하다고 말했다. 평화는 학문 활동과 교육 및 지식의 발전에 달려 있으며, 학문과 지식의 발전은 궁극적으로 '하나의 통합체로써 모든 국가를 포함한 공화국을 완성'하게 되는 것이다. 이런 점에서 과학은 인권과 크게 다르지 않은 보편성을 내포하고 염원한다.

그러나 연설 후반부에서(본인이 기초한 인권선언이 환경문제에 무관심했기 때문에 이미 낡은 선언이 되었음을 지적한 후) 카생은 20세기에 자행되었던 학살과 침략, 고문 행위, 원자폭탄을 이용한 대량 살상을 언급하며, 여기에 깊숙이 가담한 '과학의 야만성'을 말한다. 카생은 언제 어느 곳에나 존재했던 개인이나 집단 범죄와 인간의 도덕성과 물질적인 안녕, 인간의 안전을 짓누르는 위협과 위험을 구분했다. 카생은 이런 위협이 과학 발전과 직접적으로 관계된 문제라고 봤다. 카생은 제2차 세계대전 발발 전과 전쟁 중에 일어난 모든 일을 예로 든다. 제1차 세계대전 때 큰 부상을 입은 카생으로서는 독가스를 잊을 수 없는 게 당연하고, 이 독가스가 바로 과학의 '비도덕성'을 의심하게 된 출발점이 된 것이다. 참호전에서 살아 돌아온 쥘 이삭[20]도 1936년 『살인적인 과학과 이단의 패러독스*Paradoxe sur la science homicide et autres hérésie*』[21]라는 제목의 책을 펴냈다. 앙드레 말로도 전쟁에 화학무기를 도입한 기술 혁신에 대해 비슷한 표현들로 비난했다. 말로는 처음으로 '과학이라는 재무제표에서 적자'를 기록했다고 쓰고 있다. 그 뒤 더 신랄한 표현들이 이어졌다. 쥘 이삭은 과학의 패러독스와 이단에 대해 말했고 르네 카생은 야만성을 언급했다. 이런 표현들로 과학을 비판한 것은 그야말로 인류의 행복을 위해 존재하는 과학의 시대인 계몽주의 시대에서 이어져 온 가치관에 정면으로 반하는 것이 아닐까?

68세대의 대학생들처럼 '과학과 인권, 다 같이 투쟁!'이라고 외치고 싶을지도 모른다. 그러나 이 문제는 단순히 하나로 묶을 수 없는 여러 측면이 중첩된 문제다. 르네 카생은 완벽하게 이

---

20) 쥘 이삭(Jules Isaac, 1877~1963)은 유대인 출신의 프랑스 역사학자다. 프랑스 교육부 역사 교육 자문을 지냈다. 제2차 세계대전 때 부인과 딸이 유대인 강제 수용소에서 죽는 것을 목격하고 큰 충격을 받았다. 이 때문에 자신의 상처와 분개하는 양심을 담은 책 『예수와 이스라엘*Jésus et Israël*』(1946)을 써서, 기독교주의자들이 갖고 있는 반유대주의의 근원을 밝히고, 유대인과 기독교인들 사이에 진정한 대화가 필요함을 역설했다. 옮긴이

21) J. Isaac, *Paradoxe sur la science homicides et autres hérésies*, (Rieder, Paris, 1936)

모든 문제의 핵심을 꿰뚫었다. 현대 과학 기술의 발견과 인간의 기본권 유지 및 개선을 조화시키려면 "진실로 과학 연구의 자유 문제에 대해 고민하고 참여"해야 하는 것이다. 그 첫 번째 해결 책은 알고자 하는 욕구는 당연히 인간 본성에 속하므로, 지식 추구를 제한하는 어떤 행위도 용납해서는 안 된다는 것이다. 그러나 또한 르네 카생은 이 해결책에 대해 알 권리와 의사 표현 의 자유, 정보 제공의 자유는 행동의 자유와 다른 문제라는 개념 으로 그 의미를 구분한다. 행동의 자유는 '상응하는 책임', 즉 행동의 자유가 동반하는 어떤 위험에 따른 책임을 요구한다는 것이다. 자, 이런 점에서 1972년의 연설은 20세기 말 이후 확대되 고 있는 사전 예방과 사전 주의 정책을 미리 예고하고 있다. 르네 카생은 "위험한 실험이나 연구 프로젝트를 견제할 의료인 과 법조인으로 구성된 임시 또는 상설 기구"를 창설하자고 제안 했다. 이것이야말로 과학 윤리 위원회의 초안이 아니고 무엇이 겠는가? 과학 연구까지 규제하는 절차를 갖춘 체제로, 기술 발 달을 규제하자는 생각이 이미 이 연설문 안에 나타나 있는 것이 다. 르네 카생은 연설문에서 결국 모든 문제는 과학자의 의식에 달려 있다고 강조한다. 과학자는 교육과 사명감을 통해 "권력을 휘두르고 싶은 유혹을 이겨 낼 수 있도록 늘 깨어 있어야" 하는 것이다.

원자, 우주, 지놈

너무도 빠른 과학 발달이 점점 인권을 침해하고 있지만, 이에 대해서는 속수무책이다. 르네 카생이 지적한 문제들과 제안했던 여러 방책들은 어쩌면 이미 시대에 뒤쳐져 있는지도 모른다. 실로 우리는 어디로 가는지도 알지 못한 채 앞으로만 가고 있고, 카생이 말했던 위협들은 제어할 수 없을 정도로 넘쳐 난다. (일례로 사생활 보호 문제가 그렇다.) 반면 그런 위협들 가운데 오늘날 우리의 일상 속에 완전히 무감각하게 익숙해져 버린 것들도 있다. (예로 들면 피임약이나 수정란 이식 등이다.) 일부 과학 발달에 대한 르네 카생의 우려는 그저 근거 없는 것이 되어 버린 셈이다. 오히려 수정란 연구처럼 너무나 당연하게 정당성을 인정받은 것들도 있어, 일부 과학 연구의 발달이 야기한 문제들과 그 속성들로 과학의 야만성이 이미 우리 일상 깊숙이 들어와 있는 것이 아닌가 하는 의문마저 든다.

이제 과학자는 상업적 이익과 과학의 목적이 더 이상 구분되지 않고, 게다가 경제에서 시장 정복이 과거 정치 군사 분야에서 영토 획득과 같은 의미를 가지는 살벌한 경쟁 체제 안에 있다. 따라서 아무리 평화로운 시대를 살고 있고, 또 국방 프로그램에 깊이 관여하지 않더라도 과학자는 군인으로 보이고, 군인처럼 행동할 수 있다. 바로 이 때문에 여러 생명공학자들은 불쾌하겠지만, 많은 과학 평론가들이 핵폭탄 연구와 인간 지놈 연구를 비교하는 것이다.

1943년 에버리Avery, 멕레오드McLeod와 매카시McCarthy의 디엔에
이DNA 발견은 모든 생명체의 유전 정보를 결정하는 법칙을 발
견한 것으로 찬란한 과학 발전사에서 원자와 핵 구조의 발견만
큼 중요하다. 십 년 뒤 왓슨Watson과 크릭Crick, 윌킨스Wilkins는 디엔
에이의 '유전자 코드', 즉 이중나선 구조를 발견하게 되고, 이
는 유전자 재조합 기술의 발달과 함께 매우 빠르게 유전공학
의 새로운 도약 시대를 열었다. 그리고 이제 우리는 염색체
상에 특정 표시를 할 수 있는 '마커' 기술을 개발, 질환을 일으
키는 유전자를 밝히려 하고 있다. 유전공학은 1970년대부터
유전자 변형 식물과 동물 복제라는 밀접히 연관된 두 분야에
서 발전해 왔다. 그와 동시에 대규모의 '인간 지놈 프로젝트
Human Genome Project'가 탄생했고, 이는 연구를 가속화하고 더욱 큰
규모의 지원을 받는 등 유전공학자 역할의 비중이 높아지는
계기가 되었다.

필립 쿠릴스키[22]가 썼듯이 생물학자들은 유전 공학의 탄생
을 이용해 '경성 과학'[23] 대열에 합류했다. 게다가 생물학자 집

---

22) 필립 쿠릴스키Philippe Kourilsky는 프랑스의 분자 생물학자이자 파스퇴르 연구
소 소장이다.

23) P. Kourilsky, *La science en partage*, (Odile Jacob, Paris, 1998). 물리학자들의 거대과학
모델을 도입한 생명공학에 대해서는 다음 서적들을 참조하면 좋다. J. Bishop,
M. Waldholz, *Genome: The Story of the Astonishing Attempt to Map all the Genes in the
Human Body*, (Simon and schuster, New York, 1990), 또 D. Kevles, *The Code of Codes*,

단은 핵무기 역사에서 그 실효성이 입증된 크래쉬 프로그램 모델을 유전공학에 대입, 응용했다. 크래쉬 프로그램은 뛰어난 과학자들을 대학 연구소 및 국립 연구소에 총동원한 군사 연구 모델이다. 아폴로 우주선 프로그램의 성공처럼 대형화되는 입자가속기와, 분야와 국적을 초월하는 연구 팀 수의 증가로 대변되는 입자 물리학의 전성기를 모델로 삼은 것이다.

캘리포니아 대학 사무총장이기도 한 생물학자 로버트 신쉐이머Robert Sinsheimer는 행정직으로 물리학과 천문학의 대규모 투자 프로젝트에 이미 참여한 바 있었다. 1984년에 로버트는 그 옛날 파스퇴르 시대의 연구실처럼 여전히 실험대 위에서 시험관과 피펫을 갖고 초라하게 소박한 연구나 해 왔던 생물학은 이제 **거대과학**big science에 승부수를 던져야 한다고 선포했다. 컴퓨터, 전자 현미경, 자동화 기계, 미량 화학 실험 등과 같은 첨단 장비를 도입하면서 여러 연구소들 사이의 긴밀한 협력과 동시에 전례 없는 재정 투자가 필요해진 것이다.

1985년 신쉐이머는 디엔에이 배열 구조 연구로 노벨상을 수상한 하버드 대학의 월터 길버트, 디엔에이 배열 구조를 자동으로 측정하는 기계를 처음으로 발명한 캘리포니아 공과대학의 르로리 후드Leroy Hood와 같은 생물학자들을 모아 연구 팀을 결성한다. 길버트도 역시 인간의 모든 지놈 정보를 해독할 연구

(Harvard University Press, 1992), R. Lewontin, *It ain't Necessarily So: The Dream of the Human Genome and Other Illusions*, (Granta Books, London, 2000)

소를 세우려 했다. 엄청난 경비가 들어가는 대규모 프로젝트였지만, 민간 분야(의약품 및 화학 산업)든 지놈 연구에 언젠가는 관련될 미 국립보건원(National Institute of Health, NIH) 같은 공공 분야든 그 어느 쪽도 이 같은 모험에 뛰어들 준비가 되어 있지 않았다. 더구나 특정 대학 연구소를 특혜 지원해야 하는 문제라면 더욱 그랬다.

따라서 생물학자들은 자연스럽게 냉전과 냉전 후 시기에 크게 발전한 물리학과 우주 정복을 모델로 삼아 군사 분야로 눈을 돌리게 된다. 과학과 군부 사이의 이 새로운 결합을 주선한 이는 생물리학자이자 미국 내 민간 군사 핵 분야 연구를 관장하는 부처인 에너지부(DOE)의 환경·보건 국장인 찰스 드 라이시Charles De Lisi였다. 직무 수행 중에 드 라이시는 로스 알라모스 연구소에서 방사선이 일으키는 생물학적 효과, 특히 유전자 변이를 핵심 연구 주제 중 하나로 연구하고 있다는 사실을 알고 있었다. 로스 알라모스 연구소는 핵폭탄을 제조하는 연구소 중 하나로 그 안의 생물 과학 부서는 1984년부터 유전자은행을 설립했다. 그는 이곳에 보관된 지놈 구성을 전부 비교하여 전리 방사선이 일으키는 변이 및 질병에 관계되는 유전 정보에 대해 더 많은 것을 알게 되리라 믿었다.

이는 정말 일석이조, 아니 삼조가 될 수도 있다. 쓰리마일 섬 사고 이후 미국에서 핵 발전에 대한 여론은 단 한 번도 좋은 적이 없었다. 그리고 1970년대 석유 파동에 대한 대처로 만들어진 에너지부(DOE)의 대규모 프로젝트(석유의 액화 및 가스화)는 가스와 석유 가격이 폭락하면서 중요성을 잃었다. 따라서 지놈 사업은 에너지부에 새로운 대형 프로그램을 확보해 주면서 인간의 질병을 정복한다는 좋은 명분도 제공해 줄 수 있는 것이다. 그렇게 모든 여건이 조성되어 1986년 3월 산타페에서 드 라이시가 소집한 학회는 미 의회의 관심을 끌고 전폭적인 지원을 이끌어 낸다. 회의 장소는 로스 알라모스가 아닌 근처의 산타페였다. 타나토크라시(죽음 지배)에 가까운 이미지를 갖고 있는 로스 알라모스의 과거가 새롭게 열리는 바이오크라시(biocracy, 생물학 지배)를 퇴색시킬지도 모른다는 우려 때문이었다.

그전까지만 해도 생물학 연구는 화학·생물학 무기 개발, 또 이런 무기와 핵폭발의 여파로부터 보호 수단을 강구하는 목적에서만 군사 관계자들의 관심의 대상이었다. 그래서 최고 연구진들의 관심을 끌지 못했던 분야였다. 그러나 이번에는 에너지부가 기초 연구를 표방하며, 학계 관계자들로선 납득할 수 없는 이상한 목적을 위해 (외견상) 이용되지 않을 것처럼 보였다. 산타페 학회는 곧 학자들로부터 광범위하고 뜨거운 호응을 얻었고 월터 길버트는 주저 없이 "인간 지놈의 해독은 인간 유전자의 성배다."라고 선포했다. 이 표현은 마치 현대판 원탁의 기사 십자군처럼 감격에 찬 여러 생물학자들이 자주 인용하는 표현이 되었다.

인간 지놈 프로젝트는 시작되자마자 노벨 수상자인 레나토

둘베코[24])에 의해 암과의 전쟁에 돌입했다. 둘베코는 자신이 쓴 『과학*Science*』 사설에서 암 연구로 선회한 것은 "우주 정복처럼 중요한 의미를 갖고 있고 그와 같은 정신에 뿌리를 둔 만큼 국가적인 노력이 필요하"기 때문이라고 쓰고 있다. 그와 같은 정신이라고? 하긴 수십억 달러가 드는 프로그램을 의회 의원들에게 더 잘 '팔기 위해'서라면, 핵무기와 우주를 두고 벌인 전략적 도전 모델과 일본 및 유럽과 같은 외국과의 경쟁을 내세우는 것보다 더 좋은 방법이 있겠는가?

실제 유전자 배열 구조 연구에서 일본과 프랑스가 앞서 있음을 보여 주려는 보고서들이 돌고 있다. 케네디 집권 시절 **미사일 기술 격차**missile gap에 대한 두려움이 우주와 핵 분야에서 투자를 진작시켰듯이, 생물학 분야에서 유럽 우방국이나 극동 아시아의 경쟁자인 일본이 위대한 미국을 앞지를지도 모른다는 **생물학 발전 격차**biological gap를 들고 나올 날이 그리 멀지 않았다.

결정 과정의 합리성

암과의 전쟁에서 앞으로 승리할 것이라는 기치와 모든 질병을

---

24) 레나토 둘베코(Renato Dulbecco, 1914~)는 이탈리아 출신의 생물학자다. 암 바이러스와 세포의 유전물질과의 상호 작용에 관한 연구로 볼티모어, 테민과 함께 1975년도 노벨 생리·의학상을 받았다. 옮긴이

정복하려는 야심 뒤에는, 과학 경쟁과 경제 전쟁의 은유가 생물학자 집단과 제약 산업의 이익을 지켜 주는 방패막이 구실을 하고 있음을 알 수 있다. 소련과의 대결이라는 기조 아래 우주 항공 산업이 그랬던 것처럼. 차이는 있겠지만 제약 산업의 미래와 미국 생물학자들의 위신이 걸려 있는 것이다. 그렇게 해서 분자 생물학은 국가 차원의 결집을 호소하는 구호와 손잡게 되었다. 제2차 세계대전 후, 이런 식의 구호들에 의해 과학 정책은 연구 프로그램 진전을 가속화하고 지속적으로 혁신하면서, '기술 격차'에 대한 우려에 부응해 왔다. 냉전 동안의 이 같은 결정, 대응, 경쟁 방식은 합리성보다는 오히려 히스테리에 가까워 보인다.

분명히 과학 정책 결정이 겉으로 합리성을 추구하는 분야를 다루고 있다고 해서, 여타의 그 어떤 정치적 행위들보다 더 '과학적'이라는 근거는 어디에도 없다. 유럽에서 과학 정책을 제도화하던 초기, 레이몽 아롱은 과학 정책에 관한 어느 심포지엄에서 과학 정책 결정의 합리성에 대해 갖고 있던 회의적인 생각을 유머러스하게 표현한 바 있다. 과학 활동과 관련된 결정일수록 비판 정신이 더욱 필요하다고.

"오늘날 우리는 대체로 순수과학을 위한 결정에 대해서는 그 결정이 합리적이라고 생각한다. 경제 목적이라면 역시 사람마다 합리적 결정이겠거니, 하고 받아들일 준비가 되어 있다. 국가 안보에 관한 것일 때는 속으로는 내키지 않아도 어느 정도까지는 합리적일 것이라고 인정한다. 그 외의 이유에 대해서는 그 결정이 가져다줄 영예를 말해도 비합리적이라는 소리를 듣게 된다. 이것이 합리성과 비합리성에 대한 정의라고까지 말하지는 않겠다. (이에 대한 반대로 사실 무슨 얘기를 해야 할지도 모르겠다.) 그렇지만 거짓을 밝히는 것도 모든 과학자에게 부여된 임무 중 하나이므로, 우리가 달에 간다는 결정이 비합리적이라고 말할 때, 어떤 뜻으로 이렇게 말하는지 알면 좋을 것이다. 경제적 목적에서 보자면 아무리 따져 보아도 비합리적이다. 그럼 이 일이 갖는 영예에 대해서는? 일단 그 영광을 따져봐야 하고 미국 대통령에게 무엇 때문에 그런 결정을 하는 것인지 물어 봐야 한다. 만약 이 사람이 러시아보다 먼저 달에 착륙하는 것은 매우 큰 승리이자 최고 영광의 의미가 있다고 말한다면, 그때 가서 당신은 이 사람은 미쳤지만 나름의 논리는 있다고 말할 수 있다."[25]

에너지부가 인간 지놈 프로젝트 지원의 명분을 챙기게 되자 생물학자를 비롯해 다른 분야의 많은 과학자들까지 이 연구는 핵무기 관련 기구보다는 국립보건원이 관장해야 하는 일이라며 비판했다. 결국 과학아카데미에 자문을 구했고 아카데미는

---

25) 이 내용은 A Ciba Foundation과 Science of Science Foundation 심포지엄에서 발표된 내용이다. M. Goldsmith, A. de Reuck이 편집한 *Decision Making in National Science Policy*, (Churchill Limited, London, 1968) 중 레이몽 아롱의 『첫째 원칙을 적용하며 *Applying First Principles*』에서 인용되었다.

프로젝트를 둘로 분담할 것을 권고했다. 즉 유전자 배열 구조 해독은 에너지부가, 유전자 지도 작성은 국립보건원이 맡도록 했다. 의회는 곧 이 두 연구 프로그램을 병행적으로 진행할 두 연구 기관에 거액의 재정 지원을 즉각 승인했다. 초기의 원자 폭탄 연구 선례에서 이미 유효하게 써먹던 전형적인 미국 방식이다. 당시에도 여러 회사들이 경쟁하다가, 퀘백에 이주한 프랑스 졸리오 퀴리 연구 팀이 개발한 (중수로가 아닌) 흑연 발전소를 최종 낙점했다.

국립보건원의 유전자 프로그램을 이끌 수장으로 두 프로그램을 조화시킬 수 있을 정도의 역량을 갖춘, 반론의 여지가 없을 적임자를 물색하면서, 일부에서는 즉각 생물학 연구를 좌우할 절대 권력을 가진 '지놈 차르'의 위험이 있다고 비판했다. 이 표현은 우연히 등장한 것이 아니고, 역시 냉전 시기의 격렬했던 수사적 표현에서 유래한 것이다. 1945년 이후 미 대통령 직속 과학 자문위원직을 만들자는 논의가 있었을 때, 의회와 과학계의 자문위원들은 이를 두고 관료 행정의 꼭대기에 앉아 모든 연구 체제를 지배할 위험이 있는 '과학의 차르'라고 신랄하게 비난했다. 미국의 자유주의 사상을 배경으로 '순수 과학'의 독립이라는 명분과 함께 이 표현은 러시아 황제 차르의 전제적인 결정과 스탈린 체제의 공포를 상기시켰다. 두 이미지가 중첩된 두려운 러시아 모델이었다. 이 논쟁은 십 년 넘게 지속되었다. 그러나 스푸트니크와 소련이 미사일 분야에서 앞섰다는 터무니없는 믿음 때문에 결국 1957년 의회는 과학부 장관과 동급인, 과학 기술 분야의 대통령 특별 비서관직 신설에 동의했다.

그러나 인간 지놈 프로젝트는 모든 일이 일사천리로 진행되었다. 과거 소련과의 전략적 경쟁에서 시간을 허비했다는 교훈도 있었지만, 더 결정적인 것은 암과의 전쟁이 당시 정치 논쟁의 중심 주제였기 때문이다. 특히 과학계에서 명성이 드높은데다 솔직한 화법으로 의회 의원들에게 호감을 산 후보가 유력시되었는데 바로 **제임스 왓슨**James Watson이었다. 미국 과학 연구 영웅들의 황금처럼 빛나는 전설에서 왓슨만큼 권위와 자신감과 역동성을 가진 과학자는 거의 없다. 한마디로 '전기의 마술사' 에디슨, 또 미국의 첫 핵잠수함 개발과 적을 완전히 제압하는 데 기여한 해군장성 리커버[26])를 섞은 과학계의 모델이었다. 디엔에이 이중나선 구조를 밝혀 스물다섯 살에 노벨상을 수상한 왓슨은 이미 열여덟 살부터 스톡홀름 한림원의 노벨상을 목표로 삼았다. 마치 소설 주인공 라스티냐이 "저 두 얼굴의 파리 모두 우리의 것"이라고 외쳤던 것처럼 말이다. 자신의 노벨상 수상 이야기를 펴낸 왓슨의 책은 뒤따라 나온 과학사회학자들의 그 어떤 연구보다 과학 연구 기관들이 지향하는 순수

---

26) 리커버(Hyman Rickover, 1900~1986)는 최초로 핵잠수함을 개발하고 미국에 승리를 안겨 준 해군 장성이다. 콜롬비아 대학에서 전기공학 석사를 취득한 덕에 엔지니어·군사로서 신기술로 개발된 함대를 총 지휘했다. 옮긴이

성역이 기만임을 여실히 일깨워 준다. 그 내용은 연구자들 사이의 비정한 경쟁에 대한 이야기다. 우정을 배신하고 간첩이 되고, 연구 자료들을 가로챌 정도로 수단 방법을 가리지 않는다. 파스퇴르가 이상화시킨 과학의 테마보다는 '쓰리 페니 오페라'[27)]에 가까운 이 바닥 생리를 묘사하고 있다.

현실이 그렇다 해도 그게 무슨 상관인가? 어쨌든 왓슨은 상황에 따라 움직이는 인물이었고, 곧 다른 국가들도 프로젝트에 합류시켜야 한다고 생각했다. 조금은 레이건 대통령식이었는데, 레이건은 수소폭탄 전문가 에드워드 텔러의 제안으로 우방국들의 노하우를 접하기 위해 협력을 통한 '스타워즈' 프로그램을 실행했다. 노벨상 수상자인 장 도세Jean Dausset가 이끄는 프랑스의 인간 다형성에 관한 연구소(CEPH)는 이미 디엔에이 복제에 성공했고, 세계 수많은 과학자들도 이를 이용할 수 있었다. 일본의 경우 아키오시 와다 휘하의 연구 팀은 1990년부터 관련 업계와 공공 기관의 우선 지원을 받는 대형 프로그램에서 매일 백만 쌍의 염색체 배열 측정을 해 오고 있었다. 브뤼셀의 유럽 집행위원회도 인간 유전자 연구 프로젝트를 시행하려던 찰나였다. 그리하여 마침내 국제 협력 기구인 'HUGO(Human Genome Organization)'

---

27) 불어로는 4푼짜리 오페라L'opéra de quat' sous, 영어로는 서푼짜리 오페라Three penny opera라고 번역된다. 베르톨트 브레히트가 극을 썼고, 쿠르트 베일Kurt Weill이 곡을 붙인 혁명적인 악극이다. 런던의 암흑가를 무대로 하층민의 삶을 묘사했고 정치적 풍자와 희화화가 탁월하다. 옮긴이

가 발족되었다. 그러나 실제로는 정보 교환과 학회 개최에 그쳤다. 국가의 우위와 정보, 너무 복잡한 이해관계가 걸린 문제였기 때문에 미국은 파트너들에게서 빠르게 원하는 것을 얻어 낼 수 없었다.

핵무기 연구 초기 뒤퐁 드 네무르Dupont de Nemours와 유니언 카바이드Union Carbide 사의 연합 이후로 미국의 인간 지놈 프로젝트만큼 공공 기관과 민간의 이해관계가 잘 맞아 떨어진 분야는 없었다. 미 연방 연구소들과 셀레라 제노믹스Celera Genomics 같은 민간 기업들이 함께 염색체 해독과 사활이 걸린 특허 획득을 위한 싸움에 동참한 것이다. 실로 맨해튼 프로젝트와 냉전의 무기 경쟁의 대를 잇는 민간과 정부의 결탁이다. 특히 과학 연구에서 국가의 간섭을 거부하는 자유주의 사조가 있음에도, 미국에서 전쟁을 위한 결집에는 늘 과학, 기업, 군사 사이의 파트너십이 정당화되곤 한다. 오래 전 저명한 미국 전문가 중 한 사람이 이러한 미국 경제의 패러독스(또는 위선)에 대해서 까발린 바 있다.

"사적 소유물에 대해 정당한 대가를 치르지 않고 국유화하는 법을 미 연방 정부에 가르쳐 준 것은 다름 아닌 과학 연구 활동이다."[28]

---

28) D. K. Price, *The Scientific Estate*, (The Belknap Press of Harvard University, Cambridge, 1965)

그 어디에도 머물지 않는 보헤미안

과학자·군사의 정반대인 문화적 존재로서 과학 지식인을 가장 완벽하게 구현하는 상징은 앨버트 아인슈타인이다. 제2차 세계 대전 이전에 군복무 폐지와 집단 탈주의 선택권을 주장하기까지 한 단호한 **평화주의자**entschiedener로서 어떤 상황에서든 폭력 사용에 반대했던 과학자다. 하지만 생명 파괴 **자체를 목적으로 삼는** 적과의 대결에서는 예외라고 그 자신도 썼듯이 절대적인 평화 주의자는 아니었다. 핵에너지 역사를 개척한 이론을 만들고, 모든 전체주의를 강하게 비판하면서, 루스벨트 대통령에게 보낸 그 유명한 편지에 자신의 이름을 빌려 줘 맨해튼 프로젝트를 촉발시킨 장본인도 바로 그다. 또한 세계 곳곳의 폭력 분쟁에 이성의 목소리를 전하려 애쓰고, 언젠가 자연의 순리대로 인간과 인간 사이의 관계에 악의가 사라지리라는 희망을 품으며, 스스로 '그 어디에도 머물지 않는 보헤미안'이라던 그 말을 따라 평생 세계 시민의 삶을 살다 간 사람이기도 하다.[29]

> "악의 뿌리(전쟁)와 싸우고 그 결과(무기)와는 싸우지 않으려 했던 사람, 사람들이 그를 두고 반사회적이다, 또는 비현실적인 이상주의자라고 해도 개의치 않은 사람⋯⋯."[30]

---

29) 아인슈타인이 1951년 8월 1일 토니Toni와 에른스트 카시레Ernst Cassirer에게 보낸 편지 중에서 인용했다.

30) 아인슈타인의 저서 *The World as I see it*을 참조할 것. 국내 번역본은 『아인슈타인

아인슈타인은 시온주의 운동을 지원했지만 결코 이스라엘로 이주하려고 하지 않았다. 또한 여기저기에서 첫 이스라엘 대통령을 권유했지만 단호히 거절했다. 뿐만 아니라 이스라엘 건국으로 침해받은 아랍인들의 권리 수호에도 소홀하지 않았다. 17세기 철학자 스피노자가 그랬듯이 세계 시민이자 보헤미안, 비종교인이자 올곧은 민주주의자로서 그 어떤 국가적 대의에도 동참할 수 없었던 것이다. 아인슈타인은 스피노자가 '가장 저질의 야만 행위 중에서도 최하수의 행위'라고 비난했던 것처럼, 정치적 또는 종교적 신념이라는 미명하에 자행되는 범죄에 분노했다.

이와 관련해 다음과 같은 사실을 부연할 필요가 있다. 당시 냉전 동안 연방수사국 국장 에드가 후버의 눈에는 아인슈타인, 버트런드 러셀Bertrand Russel, 라이누스 폴링Linus Pauling, 요세프 로트블라트와 같은 반사회적인, 또는 몽상적인 인물들이 위험한 공산주의 첩자로 보였다. 특히 라이누스 폴링은 평화와 핵무기 반대 투쟁을 하면서 매카시즘 광풍 속에서도 끊임없이 소련 과학자들과 교류했다. 1952년 연방수사국은 폴링의 반공산주의 사상이 '충분히 확고하지 못하다'라는 이유로 여권을 박탈했다. 그렇지만 라이누스 폴링은 1954년 노벨 화학상 수상에 이어 1963년 노벨 평화상까지 받는다. 지금까지도 과학 업적과 정치

이 직접 쓴 내가 바라본 세상, 그리고 사람들』(창과창, 2002), 『나는 세상을 어떻게 보는가』(한겨레, 1991)

적 참여 두 분야에서 '두 번'의 노벨상을 수상한 예로는 폴링이 유일하다.[31]

아인슈타인은 과학자의 공통적인 특징인 국적을 초월하는 공통의 과학 언어와 교육, 방식도 갖고 있으면서, 더 나아가 가장 추상적인 사색, 그의 표현에 따르면 '진리에 대한 종교에 가까운 집착'과 동시에 가장 고양된 형태의 윤리성을 추구하는 과학 지식인의 이미지를 그대로 체현한다. 아인슈타인만큼 세계 문제들 속에 연루된 과학 체제의 모순을 극명하게 상징하는 인물도 없다. 과학 연구가 실용 목적의 달성에만 그치는 것은 아니라는 신념하에 아인슈타인은 '민족국가의 노예'가 되어 과학자의 권위를 '실추'시키는 것을 비판했고, 강한 확신은 없었지만 국제 과학자 연맹을 모델로 하는 국경 없는 국제 조직 결성을 호소했다. 그렇게 아인슈타인은 '내면적으로 명확하고 독립적인 자신의 연구 활동을 추구했지만, 거의 초인적인 노력의 결과가 결국 자신을 외부 세력의 노예로 만들고, 내면의 절망을 가져오는 물질 도구의 발명에 그치는, 과학 지식인의 실제 비극적인 운명'을 상기시킨다.[32] 정치적 결정보다

---

31) The Linus Pauling Institute of Science and Medicine에서 펴낸 *Linus Pauling:In memoriam 1901~1994*, (Palo Alto, Califonia, 1995)를 참조할 것.

32) 아인슈타인의 기고문과 서신을 모은 책, *OEuvres choisies, vol 5, Science, ethic, philosophy(Seuil/CNRS)* 중 '과학 발전에 관해 이탈리아 사회에 전하는 말', 국내 관련 서적은 『나의 세계관』(중심, 2003)을 참조할 것.

기술 개발을 더 탓해야만 하는 것인가? 과연 **정치적 압박**(Political Push)이 문제인가, 아니면 **과학의 자극**(Scientific Pull) 때문인가? 여태껏 국가 간 관계를 지배해 온 상호 불신과 무기 체계의 끝없는 '첨단화' 중 어떤 요소가 기술 연구의 역학 관계 속에서 더 지배적인가에 대해 더는 알 수도 없고, 또는 더 알고 싶지도 않다.

그러나 아인슈타인이 잘 통찰했듯이 결과를 두고 원인을 얘기할 수 없다. 과학과 기술은 마치 아무런 대책 없이 그저 운명에 맞서라고 인간 사회를 내버려 두는 올림포스 신들처럼 외부에서 사회에 작용하는 힘이 아니다. 과학과 기술이 무기 체계의 진화와 그 사용 조건을 결정하는 것은 사실이지만, 그렇다고 국가나 민족 간에 죽음을 건 전쟁을 일으키는 결정적인 원인은 아니다. 악의 뿌리는 거기에 있지 않다. 공포와 양심 사이에서 과학의 초보 마법사는 무기를 만들고, 이 무기를 갖고 인간은 역사를 쓴다. 과학자는 그 역사를 받아쓰기 하도록 읽어 주지도 않고 지시하지도 않는다. 최선은 과학자가 인간에게 다른 길을 가도록 돕는 것이다. 군축 조약이나 지구 온난화에 대한 논의, 또 이들 조약의 실행 여부를 검증할 수 있는 구체적인 조치 마련을 위한 준비 회담이나 연구들에 기여하면서 말이다. 군비 통제에 관한 토론은 오펜하이머의 말처럼 자신의 죄를 인정한 과학이 속죄하는 자리다. 그러나 이 논의만이 인류를 구원하는 것은 아니다.

냉전 동안 동서를 대치시킨 반목이 확실히 '극단적인 충돌'로 끝나지 않았다는 점을 다시 상기해야만 할까? 1980년대 초반만 해도 어느 누구도 힘의 균형(미소 간 '확실한 상호 파괴'의 위협을 말한다. 20세기 후반기 과학 때문에 국가 간 관계를 지배했던 광기를 상징적으로 보여 주는 표현)이 와해되고, 동독이 핵무기를 사용하는 '전면전' 없이 서독에 동화되리라고는 예상치 못했다. 미국은 아마도 경제 전쟁이자 기술 경쟁인 군비 확대로 소련 경제를 고갈시키며 냉전에 승리했다는 주장을 여전히 내세울 수도 있다. 레이건 집권하에 던진 '스타워즈'라는 위협의 카드가 고르바초프로 하여금 개방 정책을 선택하도록 압박했기 때문인 것도 사실이다.

그러나 결국 사십 년간의 냉전에 종지부를 찍은 것은 과학자도 전략가도 아니다. 스탈린 사후 공포가 사라지자마자 서구 경제 모델이 소련 위성 국가 민중들에게 더 매력적으로 보였다는 사실, 그리고 체코슬로바키아나 오스트리아의 열린 국경을 넘어 서독으로 탈주하는 동독인들의 물결만으로도 충분했다. 그렇게 전쟁 없이, 희생자도 거의 없이 비현실적인 경제와 전체주의 체제로 쌓은 모래성이 무너진 것이었다. 그런데도 여전히 동구권을 무너뜨린 것은 바로 핵무기 그늘 아래 과학과 기술이라고 주장할 수도 있다. 개방적인 세상의 이미지(소비 사회의 이미지도 포함해서)를 전해 준 라디오와 텔레비전의 힘이 달리 보면 오히려 군대 참모들보다 효과적이었다는 점을 들면서 말이다. 그러나 베를린 장벽을 무너뜨린 것은 과학도 정치 기구도 아니다.

그것은 바로 민중의 봉기다. 19세기 공고한 신성 동맹 체제를 와해시킨 민중 봉기처럼, 견고했던 양극 대립 체제에 종말을 고한 것도 민중 봉기였다.

야수는 후한 인심을 베풀며 이를 순순히 받아들이는 미녀를 유혹하지만, 결코 야수의 운명에서 벗어날 수 없는 보몽 여사의 각색 동화는 과학과 군수산업 사이의 관계, 즉 국가와 평화, 전쟁 사이의 관계를 현실적으로 보여 주는 '투키디데스'식 결정판이다. 그러나 체념하기보다는 다른 식의 결론을 생각해 볼 수 있다. 어쩌면 이것이 칸트나 아인슈타인이 품었던 항구적인 평화에 대한 꿈에 가깝기 때문에 이상적으로 흐를 수 있다. 그러나 또한 이상이 너무 지나치다고 흠이 되지 않음을 알게 될 것이다. 그 결론은 과학에 대한 생각과 과학을 행하는 방식을 단지 순수 기술의 모험으로만 여기지 않는 과학자들이 언제나 있다는 사실, 다시 말해 사회적 책임이나 가치와는 상관없이 국가를 위해 쓰이는 여타 수단 중의 하나로만 머물길 거부하는 과학자들이 언제나 존재한다는 사실에 기뻐하라는 것이다. 나는 투키디데스식의 결론보다는 이런 결론이 더 좋다. 이것이 인류의 기개와 합리성의 미덕 중 어떤 신념인지는 모르겠지만 말이다. 과학계에서 우리는 분명 죽음을 부르는 작업들에 몰두하는 군인, 배금주의자, 장사꾼 부대와 함께 인류의 정신적 소산에 헌신하는 전문 과학자들을 동시에 본다. 이와 같은 두 개의 소명이 한 사람 안에서 정신 분열에 이를 정도로 공존하기도 한다. 그러나 다른 한쪽이 내세우는 특수한 미덕을 명분 삼아 또 다른 한쪽이 상징하는 악을 어떻게 씻을 것인가?

과학자가 평화의 교훈을 주는 군인이기도 한 점이 마음 한구석을 불편하게 한다. 하지만 그래도 거짓을 밝히는 과학 이데올로기가 과학 활동이 지향하는 목적에 대해 고민하는 **과학자 집단**, 적어도 그런 **개인**들을 낳는다고 생각한다. 삼십 년도 더 전에 『과학과 정치』에서 '국제과학연맹'을 다룬 단원을 마무리하며 썼던 주장에 대해 변함이 없다.

"퍼그워시 회의가 지향했던 평화주의적인 이상향이나 『원자물리학 회지*Bulletin of Atomic Scientists*』의 글들을 읽으면서 과학자들이 정치에 대해 너무나 순진하구나, 하고 웃음이 나올지도 모른다. 그러나 이처럼 자신의 의견을 표출한 이들은 과학자의 역할이 이제 정치적이기도 하다는 점을 인식하고 자신의 책무를 다하고 있는 것이다. 이들은 어쨌든 시도하고 노력하는 것도 자신들이 당연히 해야 할 일로 여기고 있다.[33] 내일이면 아마도 이들 중 몇은 힘든 고뇌 끝에 지식 추구는 순수하고 단순한 모험만은 아님을 깨달았던 사실조차 잊을지도 모르겠

---

33) 1952년 여름 『*Impact*』 3권 2호, (UNESCO, Paris, 1952)에 실린 Rabinowith의 'Bulletin of the Atomic Scientists'를 참조할 것.

다. 비록 권력의 목적을 지식이 추구하는 목적으로 견인하기 위해 기울인 노력이 헛되게 되더라도, 이 과학자들은 적어도 과학의 명예를 지키는 데 공헌한 것이다."[34]

---

34) 나의 저서 『과학과 정치』를 참조할 것. (Seuil, Paris, 1970; 재편, Economica, 1989)

부록

참고 문헌

2000년 2월 24~26일 간 개최된 미래 학회 자료 목록
"과학 협력이 국가 간 관계에 미치는 영향: 분쟁 예방과 해결"

Rudolf Botzian, Stiftung Wissenschaft und Politik, Munich, Gemany.
『독일 대외정책의 도구로써 과학 협력 *La coopération scientifique comme instrument de la politique étrangère allemande*』

Sir Arnold Burgen, Department of Pharmacology, Cambridge University, United Kingdom.
『2차 대전 후 독일 과학의 재건과 카이저 빌헬름 연구소의 재생 *La reconstruction allemande et la renaissance de la Kaiser Wilhelm Gesellschaft après la guerre*』

Abdulhamid Chorfa, 알제리 정부 전 총리, Institut d'études et de stratégie globale, Alger.
『북아프리카 과학자들의 개입 조건 *Les conditions d'implication des scientifiques maghrébins*』

Pieter Drenth, Faculty of Psychology and Education, Vrije Universiteit, Amsterdam, Holland.
『과학과 데탕트 *La science et la détente*』

Pierre Grémion, 프랑스 기간사회학 연구소장, Paris.
『동·서 관계에서 사회과학이 행한 역할』

Regina Pinto Gusmão, Responsable de projet, Observatoire des sciences et des techniques, Paris, France.
『유럽연합의 연구 프로그램과 지역 네트워크 발전*Programme de recherche de l'Union européenne et développement de réseaux régionaux*』

Hartmut Kaelble, Professor of Social and Economic History, Umboldt University, Berlin, Germany.
『1945년 이후의 불·독 과학과 화해*La science et la réconciliation franco-allemande depuis 1945*』

Alexander King, OECD 전 과학사무총장, 영국 로마 클럽 명예회장.
『경제 환경 내에서 제기되는 과학적 우려*Les préoccupations scientifiques dans un environnement économique*』

André Lebeau, 프랑스 국립직업기술원(CNAM)의 명예교수, 우주 프로그램 기술 석좌 자문관, 국립우주학연구소(CNES) 전 소장, Paris.
『과학 조직과 유럽 통합의 건설*Organisation scientifique et construction de l'unité européenne*』.

William Nierenberg(타계), NATO 전 과학 부사무총장, Scripps Institution of Oceanography, San Diego, U.S.A.
『나토와 과학*L'OTAN et la science*』

Dzenana Resakovic, 의학 겸임교수, 연구 교수, CARDIOnet program 소장, Policlinic Eskulpa, Zagreb, Croatia.
『구 유고슬라비아 전쟁: 그 원인과 해결책, 전망
La guerre dans l'ex-Yougoslavie: Causes, solutions et perspectives』

Carvalho Rodrigues, NATO 과학·환경국 프로그램 소장, Bruxelles.
『과학자의 이동: 잠재적 능력의 실현*Flux de scientifiques: la réalisation d'un potentiel*』

Joseph Rovan, 뱅센느 대학과 파리 3 대학의 독일문화사 명예 교수, President of BILD(Bureau International de liason et de documentation), Paris.
『공동의 미래를 건설하다*Bâtir un avenir commun*』

Geneviève Schméder, 프랑스 국립직업기술원의 과학·기술·사회 센터 교수, Paris.
『과학자, 그리고 전쟁과 평화*Scientifiques, guerre et paix*』

Eugene B. Skolnikoff, Department of Political Science, Massachusetts Institute of Technology, U.S.A.
『과학 협력의 정치적 과제*Les enjeux politiques de la coopération scientifique*』

Nur Yalman, Department of Anthropology, Havard University, U.S.A.
『국제 분쟁 속의 과학과 과학자: 프로메테우스의 숙명*Science et scientifique dans les conflits internationaux: La malédiction de Prométhée*』

저자의 다른 저서들

『과학과 정치*Science et politique*』, Paris, Seuil, 1970.
1989년 Economica, Paris에서 증본.
Macmilan, London and MIT Press, Cambridge, Mass.1973
Siglo Veintiuno, Mexico-Madrid-Buenos Aires, 1974.

『연구 체계*Le Système de la recherche(sous la direction de)*』, OECD, 1권, 1972.
2권 1973, 3권 1974년 프랑스어본과 영어본.

『손발이 묶인 프로메테우스-기술 변화에 대한 저항*Prométhée empêtré-La résistance au changement technique*』, Paris, Economica, 1986.

『골루아, 카우보이, 사무라이-프랑스 기술 정책*Le Gaulois, le cow-boy et le samouraï-La politique française de la technologie*』, Paris, Economica, 1986.

『기술 변화의 도전*Les Enjeux du changement technologique*』, Paris, Economica, 1986.

『공인 작가와 컴퓨터-발전의 신기루*L'Ecrivain public et l'ordinateur-Mirages du développement*』, Paris, Hachette, 1988.
(영어 번역본, Lynne Rienner, Newyork/Boulder, 1993)

『과학, 그리고 전쟁과 평화*Science, guerre et paix*』, Paris, Economica, 1989.
(영어 번역본, St Martin Press-Economica, Newyork-Paris, 1989)

『기술의 운명*Le Destin technologique*』, Paris, Balland, 1992. Gallimard, Folio, 1994년 증본

『불확실한 추구-과학, 기술, 개발*La Quête incertaine-Science, technologie et développement*』, Paris, Economica, 1994, (영어 번역본, UNU Press, Tokyo, 1994, 스페인어 번역본 Fundo de Cultura Economica, Mexico, 1995)

『기술 위기와 민주주의*Le Risque technologique et la démocratie*』, La Documentation française, 1994.

『과학에서 살아남기-미래에 대한 소고*Survivre à la science-Une certaine idée du futur*』, Albin Michel, 1999.

과학은 정치로부터 자유로울 수 없는가?

얼마 전 베트남전쟁 당시 무차별적으로 살포된 고엽제로 인해 고통받고 있는 한 베트남인 가족의 모습을 보게 되었다. 태어나는 아기들이 한 달도 못되어 죽어 가고, 그나마 생존한 아이는 사지가 다 구부러져 혼자 거동할 수 없는 중증 장애인이었다. 전쟁이 끝난 직후에는 몰랐으나 이제 고엽제가 그 원인임을 알게 된 그 가족의 잔혹한 운명에 대해 동정심만 느낄 수는 없다. 비록 농업 생산 증대를 위해 어느 화학자에 의해 발명되었을 고엽제지만, 정치가들에 의해 고엽제는 끔찍한 화학무기로 둔갑했다. 그리고 그 후유증으로 새로 잉태된 생명들이 지금까지 그 대가를 치르고 있다. 두 아이의 엄마인 내게 이런 비극은 남다르게 느껴진다. 생명을 품고 키워 본 이들이라면 누구나 슬픔과 연민, 분노를 느낄 것이다.

이 책의 저자 장 자끄 살로몽은 과학과 과학의 응용, 연구자와 정치인, 과학과 군사 분야 사이의 관계에 대해 많은 화두를 던져준다. 20세기에 일어난 모든 갈등과 분쟁은 과학자들의 활동과 직간접적으로 연관되어 있다고 해도 과언이 아니다. 과학자들의 의도와는 상관없이 과학자들의 발명·발견은 돌이킬 수 없는 많은 부작용과 공포를 낳았다.

다행히 퍼그워시 운동의 예처럼 의식 있는 과학자들은 살상과 파괴를 목적으로 과학 정보와 기술을 악용하지 못하도록 통제하고자 국제적인 협력을 시작했다. 저자는 이렇듯 전쟁을 위해 일조하면서 동시에 평화를 위해 노력하는 과학자의 역할이 독특한 양면성을 갖고 있다고 지적한다. 저자는 유럽 통합과 과학 협력 경험의 독자성, 과학자의 특수성, 냉전 후의 새로운 도전이라는 세 가지 논점을 제시하고, 개인적 경험과 사유를 통해 나름의 결론을 끌어내고 있다. 비판적인 프랑스 인답게 저자는 과학이 결코 정치나 권력으로부터 독립적이지 못했다고 일침을 놓는다. 또한 세계화와 더불어 이제는 과학이 다국적 기업의 무소불위의 경제 권력에 복속되고, 맹목적인 유전자 연구 경쟁에 불을 지필까 우려한다. 저자 뿐 아니라 양식 있는 현대 민주 사회의 시민이라면 누구나 걱정하지 않을 수 없는 문제다.

국내에서는 지난 2005년 황우석 박사 사건이 대대적인 파장을 일으킨 바 있다. 이 사건은 과학과 정치·경제 권력 사이의 관계를 바라보는 한국 사회의 관점과 의식에 문제가 있음을 보여 주었다. 지난 세월 한국 경제성장을 위해 과학은 정말 철저한 충복 노릇을 해 왔고, 앞으로도 그래야 한다는 기대와 믿음은 거의 교조주의에 가깝게 느껴진다. 그렇기에 한국 사회는 황우석 박사의 연구에 대해 생명 윤리·가치나 철학적 관점에서 진지한 논의를 나눠 본 적이 없다. 그저 그 연구 성과가 상당 부분 거짓이라는 판명이 나왔을 때 국가적 실패로 규정하며 낙담하는 말들만 많았을 뿐이다. 또 다른 예로 한국은 인류 공동의 유지로 보호해야 할 남극에서 제2연구 기지를 건설하면서 그 목적을 '영토 확장과 자원 개발'로 명시해 국제적으로 물의를 빚었다. 과학 연구 활동을 오로지 국가적 영욕과 위신을 위한 도구로만 인식하는 한국 사회의 태도는 책에서 저자가 비판한 알제리의 예와 다를 바 없다.

과학이 정치·경제 권력인 야수의 손아귀에서 벗어나기 위해서는 어떻게 해야 할까? 그 질긴 악연을 완전히 끊을 수야 없겠지만, 과학자의 진정한 노력이 있다면 뭔가 달라질 수 있을 것이다. 이제 과학자는 사회 변화와 정책 결정에 수동적인 전문가로서 기계적인 역할에만 갇혀 있으면 안 된다. 그런 의미에서 저자는 과학 지식인을 새롭게 정의한다. 탁월한 전문 능력을 갖추었지만 기술적 지식을 초월해 도덕적으로 지적으로 깨어 있는 자가 진정한 과학 지식인이다. 즉 비판 정신을 갖고 과학과 관련한 정치, 사회, 역사, 생명, 환경 문제에 대한 성숙된 성찰을 할 수 있어야 한다.

과학과 정치, 사회, 역사를 넘나드는 저자의 탁월한 식견과 방대한 논술은 사실 큰 부담이었다. 관련 분야에서 학식과 경험을 갖춘 분들이 보시기에 이 번역이 아마도 성에 차지 않는 부분이 있을 것이다.

그럼에도 옮긴이에게 이번 번역 작업은 매우 의미 있고 중요했다. 아이를 둘이나 키우다 보니 앞으로 아이들이 살아갈 이 세상에 대해 참으로 생각도 걱정도 많다. 무한하고 거대한 이 우주 속에 우리 인간의 삶은 정말 찰나에 지나지 않을까 싶다. 찰나는 1초의 75분의 1이라고 하는데, 우리 인간은 그 찰나에 전쟁을 일으키고, 생명을 살생하고, 자연을 파괴한다. 진부하다 못해 무감각하게 들릴지도 모르지만 정말 소중한 진리는 평화와 생명이 아닐까 싶다. 평화롭고 모든 생명체를 존중하는 세상이어야 살아가는 의미가 있을 것이다.

작업하는 동안 수고롭게 아이들을 봐주신 어머니와 자상한 남편, 그리고 사랑하는 우리 아이들에게 이 자리를 빌려 고마움을 전하고 싶다. 또 무엇보다도 지연된 번역 작업을 너그러운 마음으로 받아 주시고 책이 출간될 수 있도록 애써 주신 이후 출판사 관계자분들께 고개 숙여 감사드린다.

2007년 7월 박지현

갈릴레이 딜레마

지은이 장 자끄 살로몽
옮긴이 박지현
펴낸이 이명회
펴낸곳 도서출판 이후
편 집 김은주·김진한
도 움 신경아

초 판 제1쇄 찍은 날 2007년 8월 3일

등 록 1998. 2. 18. 제 13-828호
주 소 121-836 서울시 마포구 서교동 325-1 원천빌딩 3층
전 화 (대표) 02-3141-9640 (편집) 02-3141-9643 (팩스) 02-3141-9641
전자우편 ewho@e-who.co.kr

ISBN 978-89-6157-002-2 03300

이 도서의 국립중앙도서관 출판시도서목록(CIP)은 E-CIP
홈페이지(http://www.nl.go.kr/cip.php)에서
이용하실 수 있습니다. (CIP제어번호: CIP 2007002181)

값 12,000원